나를 찾는 에니어그램
상대를 아는 에니어그램

레니 바론 · 엘리자베스 와겔리 지음

주혜명 · 한병복 · 김재원 · 염지선 옮김

ARE YOU MY TYPE, AM I YOURS?
Copyright ⓒ 1995, by Renee Baron, Elizabeth Wagele.

All rights reserved. Korean Translation cotyright ⓒ 2006 by Yeonkyong
Korean translation rights published arrangement with Haper San Francisco,
a division of HarperCollins Publishers, Inc.
Through Eric Yang Agency, Seoul, Korea.

이 책의 한국어 판 저작권은 에릭양 에이전시를 통한
Haper San Francisco, a division of HarperCollins Publishers, Inc.의 독점계약으로
한국어 판권을 '연경문화사' 가 소유합니다.
저작권법에 의하여 한국 내에서 보호를 받는 저작물이므로
무단전재와 무단복제를 금합니다.

저자 서문

저는 많은 한국 사람들이 에니어그램을 활용하고 있다는 소식을 듣고 무척 기뻤습니다.

여러분이 이 책을 좋아하시길 바랍니다. 이 책은 각 유형의 장단점을 설명하고 있습니다. 아울러 본능에 따라 나타나는 하위유형을 설명하고, 다른 유형과 관계에서 있을 수 있는 좋은 점과 힘든 점을 알려드립니다. MBTI와 에니어그램에서의 비슷한 점과 다른 점도 정리해 봤습니다.

이 책은 내가 누구인지 알 수 있는 길을 찾도록 도울 것이고 당신이 찾고 있는 바람직한 관계에 대한 적절한 정보를 제공할 것입니다.

책 사이에 있는 질문과 삽화는 당신을 이해하는 좋은 도구가 될 것이고 여러 가지 방법으로 당신 자신과 가족, 친구들을 이해하게 될 것입니다.

바라기는 이 책이 주는 작은 웃음들이 당신을 더 편안하게 만들었으면 좋겠습니다. 사람들이 당신과 다른 부분을 갖고 있다는 것을 인정하고 받아들이는 긍정적인 마음가짐을 갖기를 소망합니다.

이 책은 당신을 에니어그램의 깊은 세계로 안내할 것입니다. 당신이 지혜로운 인간관계를 맺도록 하고 당신의 성향을 웃음으로 받아들이도록 도울 것입니다.

당신의 친구, 엘리자베스 와겔리

목차
Contents

에니어그램에 대하여	7
8 주장하는 사람	17
9 평화적인 사람	35
1 개혁하는 사람	53
2 도와주는 사람	71
3 성취하는 사람	89
4 낭만적인 사람	107
5 관찰하는 사람	125
6 충성하는 사람	143
7 모험적인 사람	161
MBTI로 상대를 이해하기	179
각 유형의 유사점	190

에니어그램에 대하여

유머는 두 사람을 이어주는 가장 가까운 길입니다.
― 빅터 볼지(Victer Borge)

에니어그램은 다른 사람을 이해하고 좋은 관계를 만들거나 자신에게 맞는 배우자를 찾는 데 큰 도움이 됩니다. 이제 우리는 에니어그램에서 말하는 아홉 가지 유형의 사람들을 만나게 됩니다. 에니어그램은 다양한 사람들의 특징적인 성격과 나와 다른 성격의 사람들을 만날 때 주의해야 할 점들을 알려주는 유용한 도구입니다. 에니어그램은 사람들의 성격이 '다름'의 문제이지 '틀림'의 차원은 아니라고 이야기합니다.

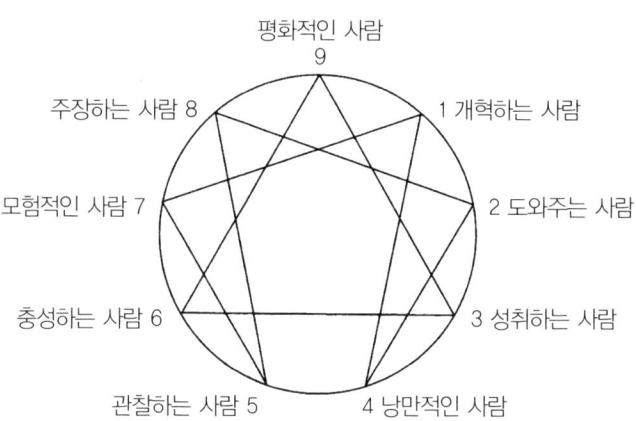

아홉 개의 성격 유형은 각자 다른 마음의 동기를 따라 만들어지는 아홉 개의 행성입니다. 각각의 행성은 서로 다른 가치 체계로 이루어져 있습니다. 따라서 같은 현상도 다르게 바라보고 경험합니다. 아홉 개의 유형이 만들어 내는 삶의 행태는 서로 다르며 삶을 통해 얻고 싶어 하는 것도 서로 다릅니다.

에니어그램의 상징은 9개의 점으로 둘러싸인 큰 원입니다. 그리스어로 Ennea는 아홉, gram은 점을 뜻합니다. 이 상징은 수백 년 전 중동 사람들이 만들었으며, 1960년대에 볼리비아 심리학자 오스카 이카조와 칠레 심리학자 글라우디어 나란조가 성격 유형 연구에 적용하였습니다. 이후 여러 에니어그램 연구자들이 다양한 훈련을 받고, 책을 쓰고, 프로그램을 만들어서 에니어그램 체계를 발전시켜 가고 있습니다.

우리는 에니어그램이라는 좋은 도구를 통해 변화하고 성장할 수 있습니다. 에니어그램을 통해 삶에서 겪게 되는 관계의 문제를 지혜롭게 해결할 수 있고 나와 어울리는 배우자를 현명하게 선택할 수 있습니다.

에니어그램의 아홉 가지 유형을 배우는 과정에서 가장 중요한 일은 나 자신의 유형을 찾는 것입니다. 그 다음에 나의 유형을 통해 자신을 이해한 것처럼 나머지 여덟 가지 유형을 통해 다른 사람을 이해하는 법을 배우는 것입니다.

세 개의 중심

나 자신이 어떤 유형인지 알기 위해서는 먼저 내가 어떤 '중심'에 속하는지 찾아야 합니다. 세 개의 중심은 신체 부위인 장, 가슴, 머리로 나누어집니다. 장 중심 유형은 8, 9, 1유형, 가슴 중심 유형은 2, 3, 4유형, 머리 중심 유형은 5, 6, 7유형입니다. 중심이 같은 사람끼리는 비교적 쉽게 소통할 수 있습니다. 물론 다른 중심에 있는 사람과도 친밀한 이해관계를 형성한다면 균형 잡힌 성격을 만드는 데 큰 도움을 받을 수 있습니다.

장 중심

장 중심 유형의 화두는 '분노'입니다.

주장하는 사람인 8유형은 강하며 자신의 분노를 표현하는 것을 두려워하지 않습니다.

평화적인 사람인 9유형은 수용하며 자신의 분노를 잘 알아채지 못합니다.

개혁하는 사람인 1유형은 분노를 성격적인 결함으로 생각하고 스스로 억누르려고 합니다.

가슴 중심

가슴 중심 유형의 화두는 '이미지'입니다. 나를 바라보는 사람들의 생각을 지나치게 의식하다가 자신의 진실한 감정을 깨닫지 못할 때도 있습니다.

도와주는 사람인 2유형은 다른 사람에게 관심이 많으며, 남을 돌보는 것을 좋아하고, 상대에게 사랑스러운 이미지를 보여주려고 애씁니다.

성취하는 사람인 3유형은 사회적 기준에 따라 남에게 좋은 인상을 남기려고 노력합니다.

낭만적인 사람인 4유형은 자신의 감정을 표현하면서 특별한 사람으로 보이고 싶어 합니다.

머리 중심

머리 중심 유형의 화두는 '두려움'입니다.

관찰하는 사람인 5유형은 자신의 내적 자원에 의존하며, 무언가를 알고 있거나 사람과 상황으로부터 한 걸음 떨어져 있을 때 안정감을 느낍니다.

충성하는 사람인 6유형은 주변을 경계하고 늘 조심합니다. 권위 있는 인물에게 인정받거나 권위에 대항함으로써 두려움을 이겨냅니다.

모험적인 사람인 7유형은 활동적이고 긍정적입니다. 두려움 같은 불쾌한 감정은 피합니다.

우리는 이 세 가지 중심 모두에 영향을 받습니다. 물론 정도의 차이는 있습니다. 에니어그램의 목표는 내 안에 있는 세 가지 중심을 잘 살피고 조화를 이루도록 하는 것입니다.

날개와 화살

날개는 나의 유형 양쪽 옆에 있는 유형들입니다. 화살은 나의 유형과 선으로 연결된 두 가지 유형입니다. 나의 성격은 날개 유형과 화살 유형의 영향을 받습니다. 변화와 성장을 위해서는 날개와 화살 유형의 긍정적 특성은 받아들이고 부정적 특성은 건강하게 바꾸려고 노력해야 합니다. 아홉 가지 유형에서 자신의 유형과 날개 두 유형, 화살 두 유형을 제외한 나머지 네 가지 유형의 특성은 가족이나 지인을 통해서가 아니면 접하기 어렵습니다. 에니어그램의 궁극적인 목적은 아홉 유형의 건강한 측면을 모두 자신의 것으로 받아들여 지속적인 성장과 발전을 통해 변화되는 것입니다.

내가 어느 중심에 속하는지 알았다면 이제는 각 유형별로 검사 질문에 답하며 범위를 좁혀가야 합니다. 나의 유형은 가장 높은 점수를 얻은 유형일 수도 있고, 두 번째나 세 번째 높은 점수를 얻은 유형일 수도 있습니다. 모든 유형의 항목을 꼼꼼히 읽어보고 자신의 유형을 결정하는 것이 좋습니다.

하위 유형

각 유형에는 삶에 필요한 본능에 바탕을 둔 세 가지 하위 유형이 있습니다. 하위 유형은 생존과 안락한 삶을 추구하는 자기 보존 본능과 공동체나 사회와의 관계형성을 추구하는 사회적 본능, 일대일 관계를 추구하는 일대일 본능(일부에서는 성적 본능으로 표현)으로 구분됩니다. 이러한 본능은 상황에 맞게 자연스럽게 표출되는 것이 가장 바람직합니다. 그러나 많은 경우 성격 발달 과정에서 하위 유형 중에 한 가지나 두 가지 혹은 세 가지 전부가 왜곡되거나 과장되어서 나타납니다. 우리는 이러한 왜곡과 과장으로 인해 성격의 유연성을 잃어버리게 됩니다. 성격 유연성 회복을 위해서는 내가 가장 많이 의존하는 하위 유형을 깨닫고, 다른 하위 유형과 균형을 맞추도록 노력해야 합니다.

일반적으로 사람들은 자신의 하위 유형이 어떻게 나타나는지 대수롭지 않게 여기는 경향이 있습니다. 하위 유형은 은연중에 자기도 모르게 자신의 성격에 영향을 미칩니다. 나의 하위 유형을 인지하고 장단점을 깨닫는다면, 나 자신을 더욱 깊이 이해하고, 이해를 바탕으로 더 나은 모습으로 성장할 수 있습니다.

자기 보존 본능

자기 보존 본능을 가진 사람들은 삶의 안락함과 스스로의 만족을 중요시합니다. 보통 과묵하고 조심스러운 편이고 가정적입니다. 무엇이든 모아두려는 경향이 있으며, 위기 상황에서 자신이 갖고 있는 자원을 동원합니다. 물론 불굴의 의지로 담대하게 자신의 안전 욕구를 뛰어넘어 도전하는 사람도 있지만 대부분은 안전을 추구합니다.

사회적 본능

사회적 본능을 가진 사람들은 공동체를 통해 활력을 얻기도 하고, 공동체를 싫어하거나 회피하는 경향도 있습니다. 공동체와 긍정적인 관계를 맺게 되면 사람들과 함께하는 것을 즐기고 다른 사람의 일에 관심을 갖습니다. 세상 돌아가는 일이나 원칙과 정의와 밀접한 관계를 맺을 때 스스로 폭넓은 사람이 된 것 같은 느낌을 받습니다.

일대일 본능

일대일 본능을 가진 사람들은 보통 일대일 관계를 만드는 데에 관심이 많습니다. 열정적이고 에너지가 넘치며 경쟁적입니다. 개인적인 관계를 맺을 때는 상대와 직접 눈을 맞추며, 여럿이 같이 있을 때는 특정인의 관심을 끌어 사랑 받는 것을 중요하게 여깁니다. 일부는 내가 선택한 사람이 다른 사람에게 관심을 갖는 것을 도전으로 여겨서 다른 사람이 끼어들 수 없도록 만들기도 합니다.

자주 하는 질문

사람마다 자신의 유형은 타고나는 것인가요?

특정 유형으로 발전될 성격 특성은 타고나는 것으로 여깁니다. 사람들은 자신의 특성을 사용하여 성격을 형성하고 삶에서 겪는 일에 대처하는 전략을 만들어 갑니다. 하지만 지나치게 사용하면 반대되는 특성을 개발할 가능성을 잃어버리게 됩니다. 예를 들어 목표 달성을 위해 경쟁하고 공격적으로 임하는 사람은 상상에 빠지거나 흘러가는 상황을 있는 그대로 받아들이기 어렵습니다.

자신의 유형은 바뀌기도 하는 건가요?

타고난 유형은 바뀌지 않습니다. 물론 더 건강해질 수는 있습니다. 한계가 있는 자신의 방식에 집착하지 말고, 마음을 열어 모든 유형의 건강한 성격 특성과 태도를 받아들이려고 노력한다면 충분히 건강해질 수 있습니다.

좋은 유형, 나쁜 유형이 있는 건가요?

그렇지 않습니다. 모든 유형에는 각각의 장단점이 있습니다.

한 사람이 하나 이상의 유형에 속할 수도 있는 건가요?

사람들은 대부분 모든 유형의 특성을 다 가지고 있습니다. 하지만 각 유형의 바탕에 있는 내면의 동기는 서로 다릅니다. 이것이 바로 에니어그램의 핵심입니다. 에니어그램을 효과적으로 활용하면 다양한 상황에서 적절하고 유연하게 행동할 수 있습니다. 그럼에도 불구하고 자신의 기본적인 유형과 내면의 동기는 변하지 않습니다.

나의 유형과 좋은 관계를 맺을 수 있는 유형이 따로 있는 건가요?

그렇습니다. 물론 중요한 것은 진심으로 사랑하고 존경할 수 있는 사람, 건강하고 위축되지 않는 마음과 어려움을 기꺼이 해결하려는 의지가 있는 사람을 만나는 것입니다.

마이어스 브릭스 유형 지표 (MBTI)

아홉 개의 유형이 지닌 다양한 성격 특성은 MBTI와 관련하여 설명할 수 있습니다. MBTI는 칼 G. 융의 성격 이론에 기초를 두고 있습니다. 이 이론에 의하면 우리는 특정한 성격 특성에 대한 선호도를 갖고 태어나며, 이는 MBTI에서 규정한 8개의 성격 특성 중 4개의 요소로 구성됩니다. 이러한 자질은 에니어그램, 그리고 수많은 요인과 결합되어 현재의 나를 만듭니다.

외향(Extroversion)과 내향(Introversion)
 - 외부 세계와 내부 세계 중 어느 것을 선호합니까?

감각(Sensing)과 직관(iNtuition)
 - 정보를 받아들이고 지각할 때 오감과 직관 중 어느 것을 선호합니까?

사고(Thinking)와 감정(Feeling)
 - 무언가를 판단하고 결정할 때 머리와 가슴 중 어느 것을 선호합니까?

판단(Judging)과 인식(Perceiving)
 - 조직적이고 폐쇄적인 방식과 즉흥적이고 개방적인 방식 중 어느 것을 선호합니까?

MBTI 성격 유형은 각 쌍에서 선호하는 특성의 앞 글자로 구성됩니다. 예를 들어 어떤 사람이 내향(Introversion), 직관(iNtuition), 감정(Feeling), 인식(Perceiving)을 선호한다면 그 사람의 성격 유형은 INFP가 됩니다. MBTI에 대한 자세한 내용과 에니어그램 체계와의 비교는 부록에 나와 있습니다.

힘으로 해결할 수 있는 일을 말로 해결하지 마십시오.
– 브루스 페르스테인(Bruce Feirstein)

주장하는 사람

8유형은 독립적이고 강해지려고 노력하며, 세상에 영향력을 행사하려고 하는 욕구에 따라 행동합니다.

   8, 9, 1유형은 장 중심 유형이며, 화두는 분노입니다. 8유형은 자기 내면의 진정한 면을 잘 발견하지 못하는 경향이 있고, 다른 사람에게 강력한 영향력을 미치는 자리에 있는 것을 좋아합니다. 같은 장 중심 유형에서도 1유형이나 9유형과는 다르게 분노의 감정을 비교적 쉽게 표현하는 편입니다.

8유형이 긍정적인 모습을 보일 때는	8유형이 부정적인 모습을 보일 때는
자신감이 있습니다	자기중심적입니다
에너지가 넘칩니다	남을 배려할 줄 모릅니다
진실합니다	남을 지배하려고 합니다
결단력이 있습니다	지나치게 공격적입니다
직선적입니다	요구 사항이 많습니다
충직합니다	거만합니다
남을 잘 보호해 줍니다	투쟁적입니다
너그럽습니다	소유욕이 강합니다
남을 잘 지지해 줍니다	타협할 줄 모릅니다
용감합니다	남의 잘못을 들추기 좋아합니다

유형 찾기

자신을 잘 표현하고 있다고 생각되는 문항에 표시하십시오.

☐ 1 나를 자극하고 흥분시키는 일을 좋아하며 강렬한 사람에게 끌립니다.
☐ 2 겉으로 강하게 보이지만 신뢰하는 사람에게는 연약함과 사랑을 드러냅니다.
☐ 3 사람들은 내가 용감하다고 생각합니다.
☐ 4 사람을 거칠게 몰아붙일 때가 있습니다.
☐ 5 반대되는 주장도 강하게 말하는 편이어서 나보다 약하다고 생각하는 사람은
   내 앞에서 자기주장을 말하기 어려워합니다.
☐ 6 친밀한 사람과 갈등이 생기면 문제가 완전히 해결될 때까지 포기하지 않습니다.
☐ 7 관계의 친밀도와 상관없이 때로는 혼자 있는 시간이 필요합니다.
☐ 8 친구들은 내가 때때로 자신들의 의견을 무시한다고 불평합니다.
☐ 9 독립성을 매우 중요시합니다.
☐ 10 공정과 평등을 요구합니다.
☐ 11 사랑하는 사람들을 보호하고 싶은 마음이 각별합니다.
☐ 12 속에 있는 말을 거침없이 하는 편입니다.
☐ 13 남에게 권한과 동기를 부여하는 것을 좋아합니다.
☐ 14 사회적 약자를 지지해 줍니다.
☐ 15 사람들에게 실망하는 것이 싫어서 누군가 가까이 다가오는 것을 꺼릴 때가 있습니다.
☐ 16 사람들이 나를 좋아하는 것보다는 존경했으면 좋겠습니다.
☐ 17 물건이 정돈되어 있는 것을 좋아하고, 내 물건은 반드시 제자리에 있어야 합니다.
☐ 18 음식이든 술이든 과하게 빠져드는 경향이 있습니다.
☐ 19 문제가 생기면 먼저 남을 비난하는 경향이 있습니다.
☐ 20 가식적인 사람을 보면 바로 그 자리에서 비판하는 편입니다.

당신의 하위 유형(Subtype)은 무엇입니까?

당신은 하위 유형 한 가지, 두 가지 혹은 세 가지 전부와 관련되어 있습니다.

각각의 하위 유형은 자신의 본능을 따르는 삶의 모습을 나타냅니다. 각 유형에는 세 가지의 본능이 있습니다. 자신의 편안한 삶을 중요하게 생각하는 '자기 보존 본능', 자신이 속한 공동체를 중요시하는 '사회적 본능', 자신이 맺고 있는 일대일 관계를 중요하게 여기는 '일대일 본능'이 있습니다. 이러한 본능은 생활 속에서 무의식적으로 드러나곤 합니다. 대부분은 한두 가지 본능을 지나치게 사용합니다. 본능이 한쪽으로 치우치면 건강하게 성장하기 어렵습니다.

책임을 스스로 떠맡고 강해지고 싶어 하는 8유형의 욕구는 하위 유형에 따라 다음과 같이 나타납니다. 8유형이 성숙하면 다른 사람을 지배하려는 욕구를 조절할 수 있게 됩니다.

8유형의 자기 보존 본능 : 만족스러운 생존

> 처세술은 춤추는 요령보다는 레슬링 기술에 가깝습니다.
> 굳건하게 서서 예상치 못한 공격에 대비하십시오.
> – 마르쿠스 아우렐리우스(Marcus Aurelius)

- 음식과 필요한 물건이 풍족하게 주어지는 안락한 삶을 원합니다.
- 독립과 안전을 중요하게 생각하므로, 경제적인 면을 비롯한 어떤 것도 남에게 의존하고 싶어 하지 않습니다.
- 삶의 작은 일들이 생각대로 처리되지 않거나, 필요하고 익숙한 것들을 얻지 못할 것 같으면 먼저 피해 버립니다.
- 삶에서 가장 중요한 것은 나 자신과 내가 가진 것, 내 편인 사람들을 보호하는 것입니다.

– 방 안에서 일어나는 일을 전부 관찰할 수 있을 때 안전하다는 느낌을 받습니다.
– 자신의 영역이 침해받지 않도록 아무도 모르게 특단의 조치를 취해 놓습니다.

8유형의 사회적 본능 : 친구냐 적이냐

진정한 친구는 당신의 참 모습을 낱낱이 알게 되더라도 곁에 남아 있는 사람입니다.

– 자신이 처한 상황이 어떠한지, 상대가 자신을 존중하고 있는지 확인하기 전에는 경계를 늦추지 않습니다.
– 친구들이 자신에게 얼마나 진실한지 시험해 보고 일단 신뢰하기로 하면 우정을 평생 유지합니다.
– 공동체에서 자기 권위를 지키고 싶어서 공동체의 힘 있는 사람을 찾는 데 주력합니다.
– 친구들이나 모임에서 약한 사람을 지지하는 편이지만, 그들이 독립심을 키워 자립할 수 있기를 바랍니다.
– 관계에 충실하게 임하고 문제 해결을 위해 애쓰지만, 선을 넘거나 신뢰를 저버린 사람은 다시 보지 않습니다.
– 진실과 공정에 대해 진지하게 논쟁할 때 느끼는 흥분을 좋아합니다.
– 모임에서 주로 보호자 역할을 맡는 편이며 정의 구현을 위해 노력합니다.

8유형의 일대일 본능 : 소유와 놓아 버림

일대일 본능을 지닌 8유형의 경우, 특히 남자는 여러 하위 유형 가운데 가장 극단적입니다.

- 자기주장이 매우 강하며, 안락한 삶에 안주하기보다 강렬한 에너지를 뿜어내는 삶을 원합니다.
- 통제하고 싶은 마음과 내버려 두고 싶은 마음을 동시에 지니고 있습니다. 신뢰하는 사람과 함께 있으면 부드럽고 연약해지지만, 상대를 통제하고자 하는 충동을 완전히 버리지는 못합니다.
- 보살펴 줄 수 있는 배우자를 만나고 싶은 마음과 자신과 대립되는 입장을 고수할 수 있는 존경스러운 배우자를 만나고 싶은 마음 사이에서 갈등합니다.
- 자신과 관련된 사안임에도 불구하고 자신과 의논하지 않거나 의견을 묻지 않으면 싫어합니다.
- 사람들이 자기감정이나 생각을 숨기면 불쾌해 합니다. 공동의 문제를 함께 해결하는 상황에서는 더욱 그렇습니다.
- 직설적이며 정면 대결을 두려워하지 않는 사람에게 끌리는 편입니다.
- 진실은 다툼을 통해 드러난다고 생각합니다. 그래서 부부 싸움을 통해 배우자와 더 가까워진다고 느낍니다. 하지만 다툼이 계속되면 홧김에 관계를 끝내기도 합니다.
- 아무도 자신을 힘으로 제압하거나 자신의 관계를 위협하지 않도록 미리 대책을 강구합니다.

날개

날개는 자신의 유형 양 옆에 있는 유형입니다. 7유형 날개의 영향을 받으면 자기주장이 가장 강하며, 9유형 날개의 영향을 받으면 조용하면서도 힘이 있습니다.

7유형 날개가 발달한 8유형은 사회성과 야망이 있으며 자기주장이 강하고 모험을 즐깁니다. 충동적이고 과도하게 반응하며 물질적이고 중독되기 쉬운 경향이 있습니다.

9유형 날개가 발달한 8유형은 꾸준하고 남을 잘 도우며 인내심이 있습니다. 겸손하고 차분하며 상황을 조용히 지배합니다. 분노 표출이 느리며 주변에 무관심한 경향이 있고 정면으로 대립하거나 회유하는 두 가지 모습을 모두 보이는 경우가 많습니다.

사람들은 외부 세계를 대할 때 자신의 실제 유형보다는 날개 중에 한 유형의 성격을 나타내기도 합니다.

화살

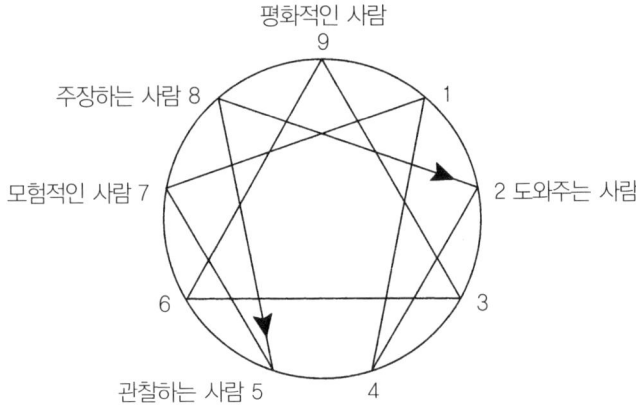

성격은 자기 유형과 연결된 두 개의 유형에도 영향을 받습니다. 8유형의 화살은 2유형과 5유형입니다.

날개와 화살이 미치는 영향

날개와 화살은 자기 유형과 밀접한 관련이 있어 자신도 모르는 사이에 성격에 영향을 미칩니다. 평화로운 상태에서는 날개와 화살의 긍정적인 면이 나타나고, 스트레스 상황에서는 부정적인 면이 드러납니다. 스스로 성장하고 싶다면 의도적으로 화살의 긍정적인 면은 받아들이고 부정적인 면을 피하려고 노력해야 합니다. 자기 날개 유형과 화살 유형에 대해 자세히 알고 싶으면 7, 9, 2, 5유형에 대해 읽어보십시오.

8유형의 날개인 7유형과 9유형은 서로 다른 방식으로 8유형에게 영향을 미칩니다. 7유형 날개의 영향을 받는 8유형은 외향적이고 에너지가 넘치며 행동이 민첩하지만, 자기중심적이고 지나치게 활동적입니다. 평화로운 9유형과 주장이 강한 8유형은 날개 관계 중에서 가장 대조적인 유형입니다. 9유형 날개의 영향을 받으면 부드러워지고 수용적이 됩니다. 그러나 9유형의 고집스럽고 반항적인 태도나 다른 사람의 문제를 떠안는 성향은 피해야 합니다.

2유형 화살을 통해서는 사람들과 따뜻하고 부드러운 연민의 관계를 맺을 수 있지만, 2유형의 지나치게 의존적이고 소유하려고 하며 사람들에게 비현실적인 요구를 하는 성향은 주의해야 합니다. 5유형 화살은 독립적이고 객관적이며 온화하고 지나치게 반응하지 않도록 도움을 줍니다. 하지만 5유형의 한 발 물러나 있는 성향과 편집광적인 태도는 주의해야 합니다.

건강한 8유형은 배우자나 친구를 잘 지지하고 보호하며 충직과 정직, 너그러움과 열정을 통해 좋은 영향을 끼칩니다.

8유형의 관계

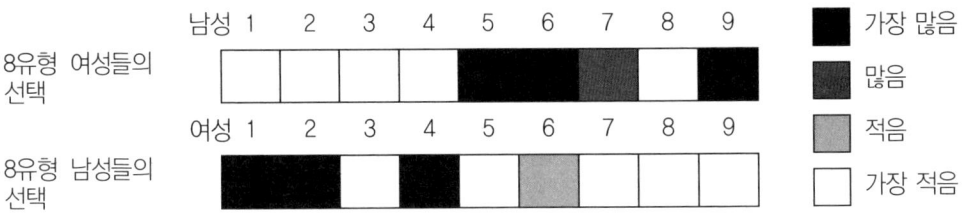

내 어릴 적 꿈은 책임자가 되는 것이었습니다.
– 해군 준장 윌마 바우(Wilma Vaught)

8유형이 말하는 1유형 (개혁하는 사람)

내가 1유형을 좋아하는 이유

- 함께 있으면 충전되는 느낌이 들 정도로 강렬합니다.
- 자기 의사를 분명히 밝힙니다.
- 나의 용기와 결단을 존중합니다.
- 실제적이고 책임감이 강하며 사람들을 실망시키지 않습니다.
- 요점을 분명하고 진실하게 말합니다.

내가 1유형을 힘들어하는 이유

- 규칙을 정하는 데 있어 융통성이 없고 독선적입니다.
- 고집이 세고 나를 통제하려고 합니다.
- 질투가 심한 편입니다.
- 사람들이 자신을 어떻게 생각할지 걱정합니다.
- 나의 말과 행동이 거칠다고 불쾌해합니다.
- 자신이나 다른 사람에게 높은 이상을 기대하는 경우가 있습니다.

8유형이 말하는 2유형 (도와주는 사람)

내가 2유형을 좋아하는 이유

- 허물없이 관계를 맺으며 내 안에 있는 2유형 화살을 자극하여 감정과 만나게 도와줍니다.
- 명랑하고 열정적입니다.
- 마음이 넓고 가족이나 친구를 위해 자신을 희생할 줄 압니다.
- 내게 관심을 많이 가져줍니다.
- 내가 자신을 보호해 주는 것을 고마워합니다.

내가 2유형을 힘들어하는 이유

- 문제가 있을 때 나와 정면으로 맞서기보다 내게 거리를 두며 냉담해집니다.
- 사람들이 자신을 받아들이고 좋아하게 만들기 위해 거짓된 행동을 하고 논란을 피합니다.
- 자신에게 충분한 관심을 주지 않으면 서운해 하고 화를 냅니다.
- 내가 혼자만의 시간을 가지려고 하면 외로워하고 상처받는 척해서 죄책감을 유발합니다.
- 나를 도와야 하며 나에게 친절해야 한다는 사실에 지나치게 집착합니다.

8유형이 말하는 3유형 (성취하는 사람)

내가 3유형을 좋아하는 이유

- 일을 잘 추진하고 끝맺음을 잘합니다.
- 일할 때도 놀 때도 엄청난 에너지를 쏟습니다.
- 모든 일에 낙관적입니다.
- 나의 너그러움을 높이 평가합니다.
- 좌절을 빨리 이겨내는 편입니다.

내가 3유형을 힘들어하는 이유

- 화가 나면 나와 만나서 풀려 하지 않고 혼자 마음에 담고 있습니다.
- 누구의 기분도 상하게 하지 않고 모든 사람을 기쁘게 해 주려고 애씁니다.
- 자신의 본모습을 보여주기보다는 남에게 좋은 인상을 심어주려 행동합니다.
- 자기 일과 인적 네트워크에 지나치게 집착합니다.
- 감성적인 것을 견디지 못합니다.

8유형이 말하는 4유형 (낭만적인 사람)

내가 4유형을 좋아하는 이유

- 에너지와 강렬함의 정도가 비슷합니다.
- 나와 마찬가지로 반항적인 면이 있습니다.
- 용기를 가지고 자신의 이상을 지켜 나갑니다.
- 나의 굳건함을 높이 평가합니다.
- 흥미로운 사고방식과 감정의 깊이가 있습니다.
- 건전한 경쟁 상대가 됩니다.

내가 4유형을 힘들어하는 이유

- 인간관계에 문제가 생기면 정면으로 맞서지 않습니다.
- 무기력하게 손해 보는 자리에 머물러 있습니다.
- 내 말을 지나치게 개인적으로 받아들입니다.
- 나의 행동을 비난합니다.
- 끊임없이 자기감정과 삶의 의미에 대한 생각에 빠져들어 삶을 복잡하게 만듭니다.

8유형이 말하는 5유형 (관찰하는 사람)

내가 5유형을 좋아하는 이유

- 지적이고 체계적으로 생각합니다.
- 독립적이며, 독립적이고 싶어 하는 나의 욕구를 이해합니다.
- 비범하고 재치가 있습니다.
- 나를 자기주장 하는 법을 배울 수 있는 좋은 본보기로 여깁니다.
- 나의 직선적인 성향과 원하는 것을 바로 실행에 옮기는 능력을 높이 평가합니다.
- 끝까지 비밀을 지킨다는 확신을 가질 만큼 신중하고 조심스럽습니다.

내가 5유형을 힘들어하는 이유

- 내가 너무 거칠거나 강하다는 생각이 들면 한 발 뒤로 물러서거나 시무룩해집니다.
- 이론만 앞세우며 행동으로 옮기지 않고, 나와 굳건히 맞서기보다는 피해 버립니다.
- 나보고 잘난 척한다고 비난하면서 자신도 그렇다는 것은 깨닫지 못합니다.
- 강렬함이나 활력을 높이 평가하지 않습니다.
- 무미건조하고 따분하며 무뚝뚝합니다.
- 한번 결심을 굳히면 바꾸는 것이 불가능합니다.

8유형이 말하는 6유형 (충성하는 사람)
내가 6유형을 좋아하는 이유

- 나의 용기를 존중해 줍니다.
- 내가 자신을 지지하고 보호해 주는 것을 고맙게 생각합니다.
- 신뢰받고 싶어 하기 때문에 그들을 신뢰하려고 하는 내 욕구를 이해합니다.
- 토의할 때 나를 긴장시킵니다.
- 깊이 생각한 후에 자신의 의견을 제시합니다.
- 유머 감각으로 나를 웃게 만듭니다.
- 관계에 충실하며 어려울 때 나를 지지합니다.

내가 6유형을 힘들어하는 이유

- 지나치게 신중하고 분석적이며 같은 이야기를 반복해서 내 인내심을 시험하곤 합니다.
- 공포 순응형인 경우 자신을 신뢰하지 못하고 다른 사람에게 의존합니다.
- 전혀 일어날 가능성이 없는 일에 마음을 졸입니다.
- 새로운 것을 시도하는 것을 두려워합니다.
- 여러 번 확인 받고 싶어 해서 부담스럽습니다.
- 지나치게 망설이거나 무턱대고 일을 진행시킵니다.

8유형이 말하는 7유형 (모험적인 사람)
내가 7유형을 좋아하는 이유

- 자기 생각을 스스럼없이 이야기하고 자신을 긍정적으로 받아들입니다.
- 자유로운 영혼으로 삶을 즐기며 나를 웃게 만듭니다.
- 권위에 반항할 줄 압니다.
- 모험을 즐기고 즐거운 시간을 보내는 일에 있어 무한한 열정을 지니고 있습니다.
- 함께 할 수 있는 신나는 일을 제안합니다.

내가 7유형을 힘들어하는 이유

- 나의 분노를 참을 만한 인내심이 없습니다.
- 문제나 갈등이 생기면 어떻게 풀어 나가야 하는지 모릅니다.
- 나에 대해 꾸준히 관심을 갖고 지지해주지 못합니다.
- 사람들과 맞서는 것 같이 자기가 싫어하는 일을 하도록 나를 부추깁니다.
- 자기를 합리화하고 돌려 말하며 간혹 거짓말을 해서 진실을 중요하게 생각하는 나를 짜증나게 만듭니다.

8유형이 말하는 8유형 (주장하는 사람)

내가 8유형을 좋아하는 이유

- 서로의 진실, 정의, 가족, 친구들에 대한 헌신을 높이 평가합니다.
- 두 사람 모두 활력이 넘치고 인생에서 얻을 수 있는 것은 다 얻으려고 합니다.
- 대화를 하거나 몸으로 하는 활동을 함께 하며 신나게 놀 수 있습니다.
- 서로를 엄청나게 사랑하고 함께 도전할 수 있습니다.
- 격렬한 논쟁을 즐깁니다.

내가 8유형을 힘들어하는 이유

- 늘 서로 괴롭히고 지나치게 다툽니다.
- 두 사람 다 상처를 받으면 관계를 끊어버리려고 해서 다툰 후에 화해하기가 어렵습니다.
- 두 사람 모두 소유욕이 강합니다.
- 서로 상대를 통제하려고 합니다.

8유형이 말하는 9유형 (평화적인 사람)

내가 9유형을 좋아하는 이유

– 너그럽습니다.

– 함께 있으면 편안합니다.

– 내게 충분한 사랑과 관심을 줍니다.

– 나의 역동적인 성격의 진가를 알아줍니다.

– 화가 날 때 가라앉힐 수 있도록 도와줍니다.

– 나의 과격함을 어느 정도는 받아줍니다.

내가 9유형을 힘들어하는 이유

– 문제가 생기면 생산적인 토론을 하고 싶은 나와 달리 대화를 회피합니다.

– 속에 있는 말을 터놓고 하지 않으면서도 알아주기를 기대합니다.

– 때로 지나치게 수동적이고 양면적이며 문제를 직면하려고 하지 않습니다.

– 지나친 완고함 때문에 나의 열정이 사라집니다.

– 자신의 에너지나 활력을 표현하지 않습니다.

8유형은 꿈도 꾸지 못할 일

- 슈퍼마켓에서 계산원이 다른 손님과 이야기하는 동안 조용히 기다리고 있기
- 옆집에서 잔디 깎는 기계를 빌려갔다가 고장 냈을 때 차분하게 대처하기
- 뷔페에서 좋아하는 음식을 한 번만 덜어 먹기
- 시키지도 않은 상사에게 아침마다 눈을 깜박이며 수줍게 커피 갖다 주기

- 자신을 놀리거나 창피하게 만든 사람에게 복수를 결심하지 않기
- 낯선 사람만 있는 모임에서 불안해하며 동료에게 손을 잡아달라고 하기

8유형과 잘 지내려면

– 육체적으로나 정신적으로 열정적인 관계를 좋아하므로 강렬하게 대하십시오.

– 그가 가진 힘과 독립심, 정의감에 감사하십시오.
– 정직하고 솔직하게 속마음을 털어놓고, 그가 자신의 생각을 이야기할 때 막지 마십시오.
– 남이 자신의 말과 행동을 어떻게 받아들이는지 관심이 없으므로, 그에게 상처를 받으면 그렇다고 이야기하십시오.
– 당신의 의견을 무시한 채 자기 뜻대로 하도록 내버려 두지 말고 당당히 당신의 의견을 표현하십시오.
– 모두가 자존심을 지킬 수 있는 방안을 찾아 보십시오.
– 화가 많이 난 것 같이 보이면 일단 한 걸음 물러나 화가 가라앉기를 기다리십시오. 맞대응하거나 겁에 질려 있으면 화를 더 냅니다.
– 혼자 있고 싶어 하는 욕구를 존중해 주십시오.
– 거친 태도를 개인적인 공격으로 생각하지 말고 어느 정도는 받아들여 주십시오.

8유형을 도우려면

– 스트레스를 받지 않도록 쉬게 하고 규칙적인 운동을 권하십시오.
– 다른 사람의 관점에서 이야기를 듣도록 부탁하십시오.
– 대부분의 사람들은 정면으로 부딪히는 것을 싫어한다고 말해 주십시오.
– 당신에게는 편하게 자기 문제를 이야기하고 약한 모습을 보이도록 도와주십시오.

우리는 서로 밀접한 관계를 맺으며 살아갑니다.
우리 삶의 가장 중요한 목적은 다른 사람을 돕는 것입니다.
도울 수 없다면 적어도 상처는 주지 말아야 합니다.
– 달라이 라마(The Dalai Lama)

평화적인 사람

9유형은 조화를 이루며 살기 원하고, 갈등은 피하며 사람들과 잘 지내고자 하는 욕구에 따라 행동합니다.

8, 9, 1유형은 장 중심 유형이며, 화두는 분노입니다. 9유형은 사람들과 잘 어울리고 남에게 잘 맞춰 주지만 자신이 진정 원하는 바에 대해서는 잊어버리며 분노를 무의식적으로 표현하는 경향이 있습니다.

**9유형이
긍정적인 모습을 보일 때는**

무엇이든 잘 받아들입니다
인내심이 많습니다
현명합니다
공감을 잘 합니다
친절합니다
부드럽습니다
남을 잘 지지해 줍니다
판단하려 들지 않습니다
무엇이든 수용합니다

**9유형이
부정적인 모습을 보일 때는**

수동적으로 공격합니다
(적개심을 간접적으로 표현합니다)
고집스럽습니다
남에게 무신경합니다
자기주장을 잘 표현하지 못합니다
방어적입니다
멍한 상태가 됩니다
잘 잊어버립니다
강박적입니다
지나치게 순응하려고 합니다

유형 찾기

자신을 잘 표현하고 있다고 생각되는 문항에 표시하십시오.

☐ 1 친구들은 나와 함께 있으면 편안하고 느긋하며 평화로운 느낌을 받는다고 합니다.
☐ 2 다양한 관점에서 바라보기 때문에 결정을 내리기 쉽지 않습니다.
☐ 3 남에게 부탁을 잘 하지 않는 편이어서 남이 내게 뭔가 요구하면 고집스러워집니다.
☐ 4 때로 나보다 배우자의 일에 더 큰 야망을 느낍니다.
☐ 5 일을 미루는 경향이 있습니다.
☐ 6 기분이 안 좋을 때 화를 내기보다는 우울하고 무기력해지는 편입니다.
☐ 7 가식적이지 않고 사람들을 잘 받아주며 판단하지 않아서 좋다고 말합니다.
☐ 8 익숙한 일상이나 습관에 젖어 있습니다.
☐ 9 쉽게 산만해집니다.
☐ 10 긴장을 풀고 빈둥거리며 시간을 보내는 것을 좋아합니다.
☐ 11 배우자에 맞서 내 의견을 주장하기 보다는 배우자에게 순응하는 편입니다.
☐ 12 관심이 집중되는 자리에 있는 것을 당황해 합니다.
☐ 13 문제가 생기면 집중하기보다 주의를 다른 데로 돌리는 편입니다.
☐ 14 사람들은 내가 남의 말을 잘 들어준다고 생각하지만, 실제로 그들의 생각만큼 상대의 말에 집중하지 않습니다.
☐ 15 여러 대안 중에 한 가지만 선택하고 나머지는 포기하는 것이 어렵습니다.
☐ 16 사람들은 내가 수동적이고 우유부단하다고 말합니다.
☐ 17 나는 가끔 불안한데 사람들이 알아차리지는 못합니다.
☐ 18 결국 모든 일이 잘 될 것이라고 믿습니다.
☐ 19 지위나 명성에 연연하거나 이를 얻기 위해 경쟁하는 것을 좋아하지 않습니다.
☐ 20 육체적인 편안함을 매우 중요하게 생각합니다.

당신의 하위 유형(Subtype)은 무엇입니까?

당신은 하위 유형 한 가지, 두 가지 혹은 세 가지 전부와 관련되어 있습니다.

각각의 하위 유형은 자신의 본능을 따르는 삶의 모습을 나타냅니다. 각 유형에는 세 가지의 본능이 있습니다. 자신의 편안한 삶을 중요하게 생각하는 '자기 보존 본능', 자신이 속한 공동체를 중요시하는 '사회적 본능', 자신이 맺고 있는 일대일 관계를 중요하게 여기는 '일대일 본능'이 있습니다. 이러한 본능은 생활 속에서 무의식적으로 드러나곤 합니다. 대부분은 한두 가지 본능을 지나치게 사용합니다. 본능이 한쪽으로 치우치면 건강하게 성장하기 어렵습니다.

    사람들과 좋은 관계 맺기를 원하며 자신의 분노를 인식하지 못하는 9유형의 욕구는 하위 유형에 따라 다음과 같이 나타납니다. 9유형이 성숙하면 자신이 진정으로 원하는 것과 자신의 삶에서 소중한 것이 무엇인지 깨닫게 됩니다.

9유형의 자기 보존 본능 : 식욕

> 우리 둘 다 좋아했던 첫 번째 것은 바로 음식입니다.
> — 로다 마젠스턴(Rhoda Morgenstern)

- TV 시청, 독서, 컴퓨터 작업, 늦잠, 영화 보기 등을 아주 좋아하며 이 일에 방해받는 것을 원하지 않습니다.
- 중요한 일이나 책임을 소홀히 하고 습관에 빠지는 경향이 있습니다.
- 먹는 것을 매우 중요하게 생각하며, 골치 아

픈 문제가 있을 때는 먹는 것을 통해 관심을 돌리거나 자기감정을 덮곤 합니다.
- 물건이나 정보를 수집하는 것을 좋아합니다.
- 자신에게 필요한 것을 결정할 수 없어서 물건 버리는 것을 힘들어 합니다.
- 집, 자동차, 사무실, 지갑 등에 원하는 것을 채움으로 자기욕구를 충족시킵니다.

9유형의 사회적 본능 : 참여 혹은 참여하지 않음

- 단순히 더 나은 명분을 얻기 위해서라기보다는 시간을 생산적으로 보내고 에너지를 발산하며 활기차게 지내기 위해서, 또한 자신과 가장 잘 맞는 곳은 어디이며, 자신이 가야 할 방향은 어디인지 찾기 위해 공동체에 소속되려고 합니다.
- 모임에 속하기 원하면서도 가끔 정말 그곳에 소속되고 싶은 것인지 확신이 없습니다.
- 남이 자신을 지배하려 하거나 무례하게 대하면 어떻게 반응할지 몰라서 뒤로 물러나거나 때로는 고집스러워집니다.
- 상황의 주변에 머물면서 갈등에 휘말리지 않으려고 애씁니다.
- 공동체에서 의견 일치를 이끌어 내거나 중재를 잘합니다.
- 모든 사람에게 그들의 전부가 되고 싶은 마음에 남을 돌보는 역할을 할 때가 많습니다.
- 주변에 관심이 많아 주위의 작은 일에 대해 잘 알지만, 자신의 느낌을 감지하고 표현하는 것에는 둔합니다.

9유형의 일대일 본능 : 연합

- 사랑하는 사람이나 가족, 친구, 코치, 유명인, 멘토, 애완동물, 자연, 신성한 것 등과 하나 되는 느낌을 좋아합니다.
- 누군가와 친밀한 관계에 있지 않으면 우울해 하며 친밀한 관계를 갈망합니다.

- 배우자의 행복이 자신에게 미칠 영향 때문에 배우자와 갈등하지 않고 그를 행복하게 만들어 주려고 합니다.
- 관계에 지나치게 집중한 나머지 자기 내면의 변화는 잘 알아차리지 못합니다.
- 배우자가 자신에게 무언가를 요구하면 고집을 부리거나 정서적으로 멀어지거나 일이 커질까봐 그냥 따르곤 합니다.
- 자기 삶이 제대로 풀리지 않는 것에 대해서 남 탓을 하곤 합니다.
- 때로는 보다 독립적이고 싶어 하며 자기 욕구와 자신에게 중요한 것이 무엇인지 깨달아 살아있다는 느낌을 받고 싶어 합니다.
- 혼자만의 시간을 충분히 가지면 자기의 진실한 감정을 느끼게 됩니다.

날개

날개는 자기 유형 양 옆에 있는 유형입니다. 8유형과 1유형은 9유형과 같은 장 중심 유형입니다. 8유형은 자기감정의 흐름을 잘 살피지 못하고 자신이 강하다고 생각하며 우쭐대는 경향이 있습니다. 9유형은 8유형 날개의 영향으로 좋은 지도자가 될 수 있으며, 1유형 날개의 영향을 받아서 원칙에 충실하고 부지런해질 수 있습니다.

8유형 날개가 발달한 9유형은 의도적이고 독립적이며 욕망이 강하고 매사에 한결 같습니다. 공격적이며 경쟁적이고 냉정한 경향을 보이며 대립과 절충 사이에서 갈팡질팡하기도 합니다.

1유형 날개가 발달한 9유형은 겸손하고 침착하며 자기 통제와 정리 정돈을 잘하고 원칙에 충실합니다. 가끔 강박적이며 독선적인 경향을 보이기도 합니다.

사람들은 외부 세계를 대할 때 자신의 실제 유형보다는 날개 중에 한 유형의 성격을 나타내기도 합니다.

화살

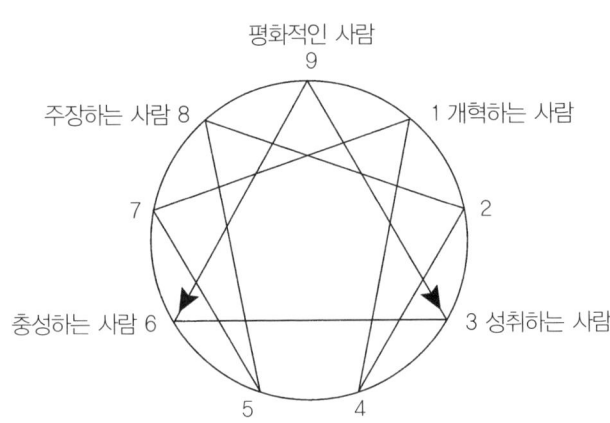

성격은 자기 유형과 연결된 두 개의 유형에도 영향을 받습니다. 9유형의 화살은 3유형과 6유형입니다.

날개와 화살이 미치는 영향

날개와 화살은 자기 유형과 밀접한 관련이 있어 자신도 모르는 사이에 성격에 영향을 미칩니다. 평화로운 상태에서는 날개와 화살의 긍정적인 면이 나타나고, 스트레스 상황에서는 부정적인 면이 드러납니다. 스스로 성장하고 싶다면 의도적으로 화살의 긍정적인 면은 받아들이고 부정적인 면을 피하려고 노력해야 합니다. 자기 날개유형과 화살유형에 대해 자세히 알고 싶으면 8, 1, 3, 6유형에 대해 읽어보십시오.

8유형과 1유형 날개는 모두 9유형이 결단력을 갖고 자기 영역을 분명히 하도록 돕습니다. 8유형 날개의 영향을 받으면 외향적이고 강하며 독립적이고 단도직입적으로 말할 수 있습니다. 8유형 날개를 사용하여 분노를 표출하면 정신 건강에 큰 도움이 됩니다. 1유형 날개의 영향을 받으면 체계적이며 세부 사항을 잘 처리하지만, 자기감정이나 소망을 억누르거나 좌절로 인해 분노할 수도 있습니다. 어떻게 느끼고 무엇을 원하는지 표현하는 법을 배워야 합니다.

3유형 화살의 영향을 받으면 실제적이고 생산적이며 한 가지 일에 집중할 수 있게 됩니다. 9유형이 3유형 화살을 통해 목표를 갖고 일하면 기분이 좋아지고 자신감을 가질 수 있습니다. 스스로 의미 있다고 생각하는 목표를 따르되 지나치게 활동적이거나 남의 관심을 끌기 위해 어떤 일을 하고자 하는 3유형의 성향은 주의해야 합니다.

6유형 화살의 영향을 받으면 정직해지고 자기 의견을 잘 말할 수 있게 됩니다. 친구와 배우자가 당신의 충직함에 고마워할 것입니다. 우유부단하고 남 탓을 잘하며 지나치게 불안해하는 6유형의 성향은 주의하십시오.

건강한 9유형은 부드럽고 온화하며 남을 판단하려 들지 않고 지혜와 사교성, 편안함과 조화를 이루는 능력을 통해 주변에 선한 영향을 끼칩니다.

9유형의 관계

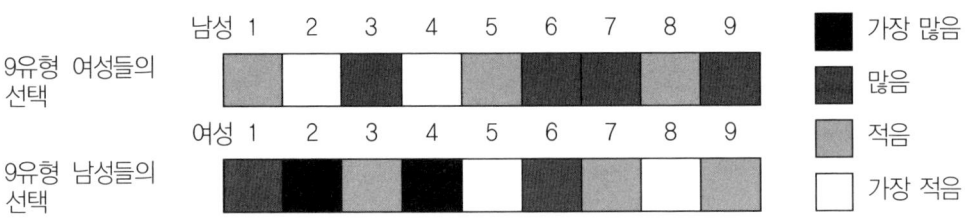

9유형이 말하는 1유형 (개혁하는 사람)

내가 1유형을 좋아하는 이유

- 목표를 명확히 설정하는 데 있어 좋은 본보기가 됩니다.
- 무슨 일이든 명확하게 정리하고 어떤 틀 안에서 어떻게 해야 하는지를 알려줍니다.
- 안정적이고 강한 유대감을 형성합니다.
- 건강한 1유형은 유머 감각이 있습니다.
- 원칙에 충실합니다.
- 관계에 충실하게 임하며 결심한 일은 반드시 합니다.

내가 1유형을 힘들어하는 이유

- 편안한 나와 있을 때도 긴장을 푸는 것이 어렵습니다.
- 문제가 생기면 지나치게 비판적이고 논쟁하며 안달하는 것에 힘이 듭니다.
- 때로는 강박적일 정도로 세부 사항에 대해 지나치게 걱정합니다.
- 나의 평화로움을 동경하면서도 무슨 일이든 빨리 하라고 재촉합니다.
- 자신의 기대를 저버리면 앙심을 품습니다.
- 자기 뜻대로 나를 통제하려고 들어 때로는 엇나가고 싶게 만듭니다.

9유형이 말하는 2유형 (도와주는 사람)

내가 2유형을 좋아하는 이유

– 함께 있으면 내가 중요하고 사랑받는 존재라는 느낌이 듭니다.

– 쾌활하고 명랑합니다.

– 집을 편안한 장소로 만듭니다.

– 내 장점을 인정하고 격려해 줍니다.

– 신체 접촉을 좋아합니다.

내가 2유형을 힘들어하는 이유

– 자신이 원하는 대로 하지 않으면 불평하고 화냅니다.

– 죄책감을 유발해서 자신이 원하는 것을 하도록 만듭니다.

– 내가 자발적이지 않거나 최선을 다하지 않는다고 생각하면 화를 냅니다.

– 무시당하는 느낌을 받거나 기분이 상하면 화를 내고 마음을 닫으며 사랑을 표현하지 않습니다.

– 내 감정을 억지로 끌어내려고 합니다.

9유형이 말하는 3유형 (성취하는 사람)

내가 3유형을 좋아하는 이유

– 목표를 정하고 이루는 데 있어 좋은 본보기가 됩니다.

– 함께 할 수 있는 활동에 스스로 참여합니다.

– 사람들을 좋아하고 긍정적이며 자신감이 넘칩니다.

– 나는 생각만 하는 일을 실행에 옮기는 열정이 충분합니다.

내가 3유형을 힘들어하는 이유

– 늘 바쁘게 생활해서 나를 당황스럽게 합니다.

– 나와 충분한 시간을 보내지 않으며 함께 있을 때도 긴장을 풀지 않고 그 시간을 즐기지 않는 것처럼 보입니다.

– 내가 자기처럼 열심히 일하지 않으며 지나치게 느긋하다고 비난합니다.

– 자기 자랑이 많고 이기적입니다.

9유형이 말하는 4유형 (낭만적인 사람)
내가 4유형을 좋아하는 이유
- 내 말을 주의 깊게 들어 줍니다.
- 내가 중요한 존재라는 느낌을 줍니다.
- 연민이 많고 세상을 더 살기 좋은 곳으로 만들려고 노력합니다.
- 내 감정을 더 깊이 느끼도록 도와줍니다.
- 인생의 아름다운 것의 진가를 알아봅니다.
- 나를 자신만의 특별한 세계로 안내합니다.

내가 4유형을 힘들어하는 이유
- 지나치게 부정적이고 자신에게 빠져 있으며 우울과 상처로 나를 밀어냅니다.
- 삶의 좋은 것보다 잃어버린 것에 관심이 더 많습니다.
- 문제가 생기면 나를 비난하고 내 탓으로 돌리며 나를 자기 마음대로 바꾸려고 합니다.
- 지나치게 극적으로 반응해서 나를 화나게 합니다.
- 내가 너무 지루한 사람이라고 생각합니다.

9유형이 말하는 5유형 (관찰하는 사람)
내가 5유형을 좋아하는 이유
- 차분하게 말하며 점잖습니다.
- 내 말을 잘 들어주고, 생각을 많이 하여 정돈된 생각을 전해 줍니다.
- 관점이나 시각이 평범하지 않습니다.
- 불필요한 것을 요구하거나 압력을 가하지 않습니다.
- 하루 종일 아무 말 하지 않고도 함께 있는 것 자체를 즐길 수 있습니다.

내가 5유형을 힘들어하는 이유

- 함께 있기를 원하는 나와 달리 지극히 자신에게만 빠져 있습니다.
- 자기 생각이나 감정을 표현하지 않기 때문에 내가 중요한 존재가 아니라는 느낌을 갖게 합니다.
- 지나치게 비판적이고 무뚝뚝해서 상처가 됩니다.
- 무슨 일이든 스스로 나서는 법이 없습니다.
- 내게서 한 발 물러서 있고 때로는 사라지기도 합니다.

9유형이 말하는 6유형 (충성하는 사람)

내가 6유형을 좋아하는 이유

- 내가 가진 차분함의 진가를 알아봐 줍니다.
- 오랫동안 내 곁을 지켜줄 거라는 믿음이 갈 만큼 충직합니다.
- 재미있고 장난을 잘 치며 다정하고 따뜻합니다.
- 다양한 분야에 대해 알고 있으며 모든 일에 능숙합니다.
- 내가 불안하거나 겁을 먹으면 나를 안쓰럽게 여깁니다.

내가 6유형을 힘들어하는 이유

- 때로는 나의 조용함을 불편해 합니다.
- 내게 반응을 요구하거나 나를 통제하려고 합니다.
- 내 말의 숨은 의미를 찾으려고 애씁니다.
- 일이 잘못되면 나를 비난하고 용서하지 않으며 지나친 걱정으로 나를 불안하게 만듭니다.
- 별 것 아닌 일도 크게 생각합니다.

작은 언덕을 등산하는 것처럼 오르는 것은 고혈압을 얻는 가장 좋은 방법입니다.
― 엘 윌슨 (Earl Wilson)

9유형이 말하는 7유형 (모험적인 사람)

내가 7유형을 좋아하는 이유

- 세상을 긍정적으로 바라봅니다.
- 모든 활동을 생기 있고 흥미 있게 만드는 열정이 좋습니다.
- 세상을 호기심과 열린 마음으로 대합니다.
- 흥미롭고 새로운 아이디어나 일을 제안합니다.
- 이상주의자입니다.

내가 7유형을 힘들어하는 이유

- 새롭고 재미있는 경험을 놓치기 싫어서 약속 시간보다 집에 늦게 들어오는 때가 많습니다.
- 내가 꾸물거리는 것을 참지 못합니다.
- 나처럼 결단력이 없습니다.
- 자기중심적입니다.
- 무엇이든 나보다 지나치게 빠른 속도로 처리합니다.

9유형이 말하는 8유형 (주장하는 사람)

내가 8유형을 좋아하는 이유

- 감각적이고 열정적이며 흥미진진합니다.
- 자발적이며 결단력이 있습니다.
- 자기주장이 분명한 사람이 되는 데 있어서 좋은 본보기입니다.
- 관계에 충실하고 너그럽습니다.
- 스스로 결정하며 강한 신념을 가지고 있습니다.
- 내 분노를 표현하도록 격려해 줍니다.

내가 8유형을 힘들어하는 이유

- 때로는 내게 탱크처럼 달려듭니다.
- 자기주장과 행동이 내게 어떤 영향을 미칠지 전혀 고려하지 않고 퍼부어 댑니다.
- 나를 아주 거칠게 대합니다.
- 내 의견을 무시합니다.
- 지나치게 강하고 통제하려고 하며 자기 없이는 세상이 제대로 돌아가지 않는다고 생각합니다.

9유형이 말하는 9유형 (평화적인 사람)

내가 9유형을 좋아하는 이유

- 서로의 태평함을 이해합니다.
- 두 사람 모두 삶의 기쁨과 편안함을 가치 있게 생각합니다.
- 서로에게 사랑받고 받아들여지고 있다는 느낌을 공유합니다.
- 서로 무엇을 원하는지 알 때는 상대가 원하는 것을 해 줄 마음의 자세가 되어 있습니다.

내가 9유형을 힘들어하는 이유

- 모든 것이 평탄하기를 바라는 마음 때문에 문제가 생겨도 간과하는 경향이 있습니다.
- 서로에 대해 너무 많이 참고 마음에 분노를 쌓아 놓습니다.
- 일을 미룹니다.
- 결정을 잘 내리지 못합니다.

9유형은 꿈도 꾸지 못할 일

- 세금 내는 일을 한 달 전에 처리한다는 이유로 골프 초대를 거절하기
- 동창회에서 자기가 얼마나 잘 지내고 있는지 하염없이 떠들면서 상대 안부는 묻지 않기
- 하루 일정을 빡빡하게 잡아놓고 그 일정을 그대로 따르기
- 이성 친구 부모님을 만나러 갈 때 눈에 띄는 화려한 옷을 입고 가기

- 이웃을 초대한 자리에서 배우자에게 소리 지르며 모욕 주기
- 다른 사람이 자신에게 관심을 보이지 않을 때 관심을 끌려고 애쓰기
- 이 장을 읽은 즉시 '혹시 다른 유형은 아닐까' 하고 고민하지 않고 자신이 9유형이라고 단정하기

9유형과 잘 지내려면

– 그의 친절과 부드러움, 참을성에 대해 감사하십시오.
– 칭찬이나 포옹 등으로 사랑을 표현하십시오.
– 하지 않는 일에 집중하지 말고 하고 있는 것에 감사를 표현하십시오.
– 무언가를 결정할 때 시간이 많이 걸려도 기다려 주십시오.
– 어떤 9유형은 요청을 자신이 할 일을 하지 않았다는 비난으로 받아들일 수 있다는 것을 기억하십시오.
– 비판하거나 무언가를 요구할 때에는 조심스럽게 하십시오.
– 명령하거나 강요하지 마십시오. 공손히 부탁하면 받아들이지만 명령하듯 말하면 몹시 불편해 합니다.
– 잔소리를 하거나 압박하거나 불평하면 반항하기도 한다는 사실을 기억하십시오.

9유형을 도우려면

- 그의 이야기를 진심으로 들어주십시오. 실제로 그는 자기 생각을 말하는 것을 좋아합니다.
- 불만이 있을 때는 이를 표현하도록 격려하십시오.
- 9유형은 거절하는 모험을 피하기 위해 입을 다물거나 멍하게 있거나 조용히 사라집니다. 거절한다고 해서 관계가 끝나지 않는다는 것을 확신시켜 주십시오.
- 그의 주변 환경이 평화롭게 유지되도록 도와주십시오.
- 남이 원하는 것을 따르기보다는 자기 관심사나 욕구를 표현하도록 기회를 주십시오.
- 자신이 무엇을 원하며 어떻게 느끼는지를 깨닫도록 도와주십시오. 선택할 수 있는 대안을 제시하는 것도 좋은 방법입니다.
- 먼저 할 일과 나중 할 일을 구분하고 목표를 정하도록 다정하게 용기를 북돋우십시오.

세진이는 자신이 좋아하는 일을 찾고 이를 사업으로 발전시켜 성공을 거두었다.
그는 고객에게 최선을 다하는 사람으로 알려져 있다.

내 양심을 당신의 지침으로 삼으십시오.

개혁하는 사람

1유형은 스스로를 더 나은 방향으로 발전시키고 바르게 살고자 하는 욕구에 따라 행동합니다. 꼼꼼하고 까다로운 편인데, 어떤 1유형은 자신의 용모를 단정히 하는 것보다 정치나 도덕적 원칙, 종교 등에 더 많은 관심을 갖습니다.

  8, 9, 1유형은 장 중심 유형이며, 화두는 분노입니다. 1유형은 규칙을 잘 지킵니다. 자신에게 부과한 규칙을 잘 지키지 못하거나 사람들이 자기 마음대로 행동하는 것을 보면 화가 납니다.

1유형이
긍정적인 모습을 보일 때는

도덕적입니다
이상주의적입니다
생산적입니다
신뢰할 수 있습니다
공정합니다
정직합니다
자기 훈련이 잘 되어 있습니다
양심적입니다
잘 도와줍니다
객관적입니다

1유형이
부정적인 모습을 보일 때는

판단하려고 합니다
융통성이 없습니다
통제하려고 합니다
걱정이 많습니다
논쟁을 좋아합니다
트집을 잘 잡습니다
타협하지 않습니다
고집이 강합니다
지나치게 심각합니다
비판적입니다

유형 찾기

자신을 잘 표현하고 있다고 생각되는 문항에 표시하십시오.

☐ 1 열심히 노력하고 성실하게 일하는 것으로 사랑을 표현합니다.
☐ 2 모든 것이 제자리에 질서정연하게 놓여 있기를 원합니다.
☐ 3 과업을 완수하면 매우 기쁩니다.
☐ 4 할당된 몫 이상의 일을 할 때가 많습니다.
☐ 5 일을 대충 하는 사람을 보면 짜증이 납니다.
☐ 6 사람들을 판단하고 싶지 않지만 그러기가 쉽지 않습니다.
☐ 7 무엇을 보든 잘못된 부분이 어디이며 어떻게 고쳐야 하는가에 집중합니다.
☐ 8 매사에 진지하고 걱정이 많은 편입니다.
☐ 9 경제적 안정에 관심이 있습니다.
☐ 10 누구든지 나에게 기대도 된다고 생각합니다.
☐ 11 보다 나은 내가 되기 위해 노력하기 때문에 쉽게 얻은 것은 평가 절하하는 경향이 있습니다.
☐ 12 사람들이나 자신에게 비난받지 않기 위해 모든 것을 정확히 처리하려고 애씁니다.
☐ 13 기대에 못 미치거나 자기 역할을 제대로 못하는 사람을 보면 실망스럽고 화가 납니다.
☐ 14 화가 나거나 질투심을 느낄 때 그런 감정을 드러내지 않으려고 노력합니다.
☐ 15 원칙이나 신념이 매우 뚜렷합니다.
☐ 16 모든 일이 제대로 돌아가게 만들기 위해 하루 일정을 신중하게 계획합니다.
☐ 17 나를 부당하게 대한 사람을 용서하기가 어렵습니다.
☐ 18 합리적이고 실제적이며 현실적입니다.
☐ 19 어떻게 하면 더 나은 사람이 될 수 있을지 연구합니다.
☐ 20 개선을 위해 노력하는 사람에게는 덜 비판적인 편입니다.

당신의 하위 유형(Subtype)은 무엇입니까?

당신은 하위 유형 한 가지, 두 가지 혹은 세 가지 전부와 관련되어 있습니다.

각각의 하위 유형은 자신의 본능을 따르는 삶의 모습을 나타냅니다. 각 유형에는 세 가지의 본능이 있습니다. 자신의 편안한 삶을 중요하게 생각하는 '자기 보존 본능', 자신이 속한 공동체를 중요시하는 '사회적 본능', 자신이 맺고 있는 일대일 관계를 중요하게 여기는 '일대일 본능'이 있습니다. 이러한 본능은 생활 속에서 무의식적으로 드러나곤 합니다. 대부분은 한두 가지 본능을 지나치게 사용합니다. 본능이 한쪽으로 치우치면 건강하게 성장하기 어렵습니다.

    1유형은 하위 유형에 따라 다음과 같이 자기 분노를 다스리며 다른 방향으로 바꿉니다. 1유형이 성숙하면 자신의 결점을 찾는데 집착하지 않고 삶을 있는 그대로 받아들이게 됩니다.

1유형의 자기 보존 본능 : 걱정과 불안

− 재정문제, 직업의 안정성, 세상의 사건, 사고부터 점심 메뉴까지 매 순간 생각하고 걱정하며 삽니다.

- 정해진 일정이 바뀌면 불안해합니다.
- 새로운 일을 찾기 위해 불안해하는 것보다 잘 맞지 않고 만족스럽지 않아도 하던 일을 계속 하는 편이 낫다고 생각합니다.
- 한 번 실수가 모든 것을 망칠 수도 있다고 생각합니다.
- 자신의 삶을 완벽하게 통제할 수 있도록 사전에 모든 세부 사항을 점검합니다. 자신에 대해 염려할 것이 없어지면 사랑하는 사람들의 안전과 안녕에 대해 걱정합니다.
- 누군가 자신이 하는 모든 일을 점검하고 비판하고 있다는 상상을 하곤 합니다.
- 수시로 남과 비교하고 자신을 교정하려고 하며 남에게 용서를 구하거나 그래야 한다고 생각합니다.
- 실수가 두려워 일부러 늑장을 부리곤 합니다.

1유형의 사회적 본능 : 적응 혹은 부적응

- 자기 신념을 지나치게 강조해서 사람들과 멀어지곤 합니다.
- 어떤 일이나 사람을 진심으로 바꾸고 싶어도 속으로 답답해 할 뿐 뒤집어엎지 못하고 잘 지내려고 노력합니다.

- 남들은 고집이 세다고 비난하지만 자신의 의견은 신중한 고민의 결과이기 때문에 굳이 바꿀 이유가 없다고 생각합니다.
- 협동의 가치는 인정하지만 자신의 원칙에 전적으로 위배되면 동의하지 않습니다.
- 자기 기준에 미치지 못하는 사람을 보면 제대로 하게끔 만들어야 한다고 생각합니다.

- 자신의 이상을 공유할 수 있는 모임에 매력을 느끼긴 하지만, 다른 사람들이 일을 제대로 하지 않아 혼자 너무 많은 일을 떠맡습니다. 그래서 때로는 후회하며 그 모임을 떠납니다.

감정형인 1유형은 적응하려고 애쓰긴 하지만 적응에 어려움을 겪으며, 사고형인 1유형은 적응을 잘 못하고 논쟁을 많이 합니다.

1유형의 일대일 본능 : 불안과 질투

> 내 아내는 말도 안 되는 것에 질투를 합니다.
> 지난번에는 달력을 보더니 오월(May)이가 누구냐고 따져 묻더군요.
> —로드니 덴저필드(Rodney Dangerfield)

- 소유욕이 강한 편입니다.
- 사랑하는 사람이 자신보다 더 매력적이고 완벽한 사람을 만나면 자신을 거부할까 걱정합니다.
- 남과 지나치게 비교합니다.
- 배우자나 친구가 "그 사람은 요리를 잘 해"
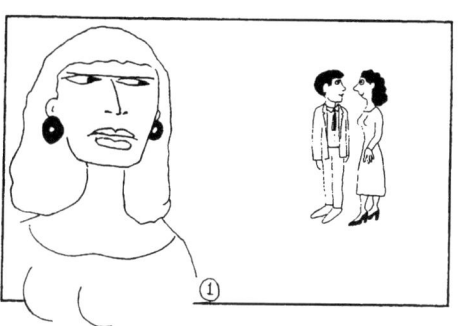
 라며 다른 사람을 칭찬하면, 자신이 요리를 못한다는 말로 이해하고 속상해 합니다.
- 화가 나거나 질투가 나면 부끄럽고 불안정해지며, 부적절하다고 생각되는 감정이 들면 이를 감추기 위해 지나치게 열정적이거나 긍정적으로 행동하곤 합니다.
- 자격 없는 사람이 존경받고 승진하거나 자신과 달리 돈 걱정할 필요가 없는 사람을 보면 분개합니다.
- 누군가에게 열정적으로 푹 빠져 있는 것을 좋아합니다.
- 배우자나 자신의 결혼 생활을 바람직하게 변화시키기 위해서 배우자가 자신의 높은 기대 수준을 충족시킬 수 있도록 노력합니다.

날개

날개는 자기 유형 양 옆에 있는 유형들입니다. 9유형 날개의 영향을 받으면 상대적으로 상황을 한 발 물러서서 바라보는 면이 있습니다. 2유형 날개의 영향을 받으면 자기 느낌을 보다 많이 표현하는 경향이 있습니다.

9유형 날개가 발달한 1유형은 느긋하고 객관적이며 온유하고 개인적인 감정을 드러내지 않지만 고집이 강한 경향이 있습니다.

2유형 날개가 발달한 1유형은 남을 돕기를 좋아하고 사람의 필요에 민감하며 공감을 잘 합니다. 관심을 끌기 원하며 자기 이미지에 신경을 쓰며 통제하려고 하는 경향이 있습니다.

사람들은 외부 세계를 대할 때 자신의 실제 유형보다는 날개 중에 한 유형의 성격을 나타내기도 합니다.

화살

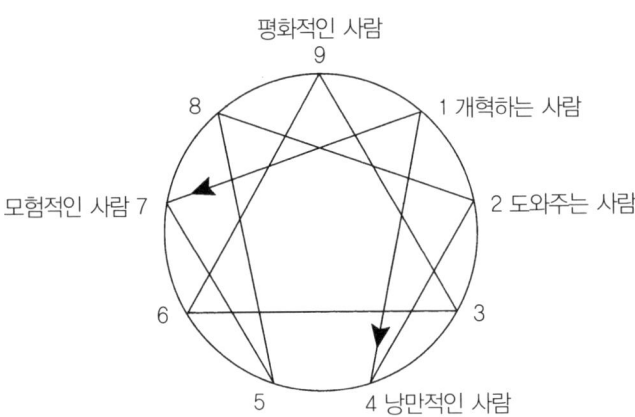

성격은 자기 유형과 연결된 두 개의 유형에도 영향을 받습니다. 1유형의 화살은 4유형과 7유형입니다.

날개와 화살이 미치는 영향

날개와 화살은 자기 유형과 밀접한 관련이 있어 자신도 모르는 사이에 성격에 영향을 미칩니다. 평화로운 상태에서는 날개와 화살의 긍정적인 면이 나타나고, 스트레스 상황에서는 부정적인 면이 드러납니다. 스스로 성장하고 싶다면 의도적으로 화살의 긍정적인 면은 받아들이고 부정적인 면을 피하려고 노력해야 합니다. 자기 날개 유형과 화살 유형에 대해 자세히 알고 싶으면 9, 2, 4, 7유형에 대해 읽어보십시오.

9유형과 2유형 날개는 1유형의 자의식이 강한 성향을 누그러뜨릴 수 있습니다. 매사에 진지하고 완고한 성격을 바꾸고 싶으면 9유형 날개의 차분하고 온유한 성향은 받아들이고 9유형의 고집스러운 성향은 피해야 합니다. 2유형 날개의 영향을 받으면 따뜻하고 열정적이며 남을 잘 돌볼 수 있습니다. 배우자가 자신의 조언을 받아들이지 않는다고 죄책감을 주는 2유형의 성향은 피해야 합니다.

너그럽고 자발적이며 즐겁게 살고 싶으면 7유형 화살을 사용하십시오. 과음이나 과식, 약물 복용, 그 밖에 위험한 행동도 불사하는 성향은 주의하십시오. 4유형 화살을 사용하면 내면의 깊은 감정과 만날 수 있고 창의적이 될 수 있습니다. 자신이나 배우자가 기대에 미치지 못했을 때 절망하고 사랑스럽지 않다고 느끼는 4유형의 성향은 주의하는 것이 좋습니다.

건강한 1유형은 많은 것을 이루고 문제가 생기면 현명하고 올바르게 대처합니다. 현실적이고 이해심이 많으며 사람이나 상황을 잘 받아들이고 유머 감각이 있습니다.

1유형의 관계

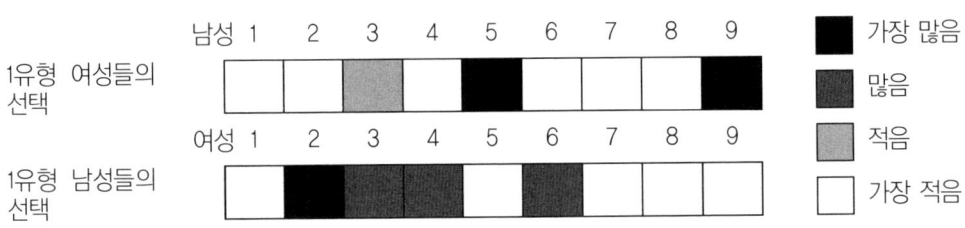

일단 시작한 일은 반드시 끝마치십시오.
작든 크든 제대로 마무리 하지 못할 바에는 아예 시작도 하지 않는 것이 좋습니다.
—무명씨—

1유형이 말하는 1유형 (개혁하는 사람)

내가 1유형을 좋아하는 이유

- 두 사람 모두 높은 이상을 추구합니다.
- 서로의 성취를 높이 평가합니다.
- 가족이나 공동체의 바람직한 구성원이 되는 것을 가치 있게 여기고, 그렇게 되기 위해 노력합니다.
- 서로의 유머 감각으로 인해 즐거운 시간을 보냅니다.
- 하겠다고 한 일은 반드시 하며 집안일을 나눠서 합니다.

내가 1유형을 힘들어하는 이유

- 두 사람 모두 모든 일에 자신이 옳다고 생각하는 한 가지 방법만을 고수합니다.
- 안 그래도 걱정하는 문제를 더 염려하게 만듭니다.
- 지나치게 심각해질 수 있습니다.
- 상대에게 분하거나 상대를 질책하고자 할 때는 말을 하지 않거나 상대를 노려봅니다.
- 너무 바빠서 서로 느긋하게 쉴 시간이 없습니다.

1유형이 말하는 2유형 (도와주는 사람)
내가 2유형을 좋아하는 이유

− 나를 도와주는 것을 좋아하고 내가 그를 위해 한 일에 대해 고마워합니다.

− 따뜻하고 인정이 많으며 내게 관심을 많이 가져 줍니다.

− 장난을 잘 치고 아이 같은 면이 있어서 함께 있으면 마음이 가벼워지고 밝아집니다.

− 때로는 나보다도 먼저 내게 무슨 일이 일어나고 있는지 알아냅니다.

− 나의 좋은 자질들을 격려해 줍니다.

− 함께 할 수 있는 사교 활동을 주도적으로 계획합니다.

내가 2유형을 힘들어하는 이유

− 조금만 비판해도 상처받습니다.

− 내가 줄 수 있는 것보다 더 많은 관심을 요구합니다.

− 체계적으로 생각하지 않습니다.

− 자기 행동이 어떤 상황을 초래할지 생각하지 않고 행동할 때가 있습니다.

− 사랑을 되돌려 받기 위해 사랑합니다.

− 우리 관계의 문제에 대해 끊임없이 이야기하고 싶어 합니다.

1유형이 말하는 3유형 (성취하는 사람)
내가 3유형을 좋아하는 이유
- 나처럼 일도 열심히 하고 많은 것을 이뤄냅니다.
- 어떻게 하면 긍정적인 면에 집중할 수 있는지 가르쳐 줍니다.
- 일을 효율적으로 잘 처리합니다.
- 나와 활발하게 토론합니다.
- 대체로 깔끔해 보이고 사람들과 잘 어울립니다.

내가 3유형을 힘들어하는 이유
- 남 앞에서 자신을 내세우고 자신이 이뤄낸 일을 자랑하는 것이 불편합니다.
- 비난에 지나치게 민감하고 곤란한 상황에 직면하면 뒤로 물러서 버립니다.
- 일을 완벽하게 처리하는 것에는 초점을 두지 않습니다.
- 가족 구성원으로서의 책임보다 자기 일을 더 중요하게 생각하는 경향이 있습니다.

1유형이 말하는 4유형 (낭만적인 사람)
내가 4유형을 좋아하는 이유
- 자기 감정에 솔직하며 내면의 감정을 경험하도록 도와줍니다.
- 장난을 잘 치고 재치가 있으며 매력적입니다.
- 5유형 날개의 영향을 받는 경우 분석력이 뛰어납니다.
- 이상적이고 원칙에 충실합니다.
- 인정이 많고 지지를 잘 해줍니다.

내가 4유형을 힘들어하는 이유
- 자기 연민에 빠지는 경우가 많으며 쉽게 상처를 받고 되새깁니다.
- 자신의 감정표현을 끝없이 반복합니다.
- 하고 싶은 마음이 들 때까지 해야 할 일을 미루어 둡니다.

- 때로는 자기중심적입니다.
- 지나친 관심을 요구합니다.

1유형이 말하는 5유형 (관찰하는 사람)
내가 5유형을 좋아하는 이유
- 흥미롭고 명석합니다.
- 말할 때 진지하고 깊이가 있으며 통찰력이 있습니다.
- 현명하며 내게 좋은 조언을 해 줍니다.
- 완벽하게 끝낼 때까지 그 일에 최선을 다 합니다.
- 검소하고 도덕적이며 개인적인 일에 참견하거나 이를 판단하지 않습니다.
- 무리하게 시간을 내라고 요구하지 않습니다.

내가 5유형을 힘들어하는 이유
- 꼭 참석해야 한다고 생각하는 행사에도 참석하지 않으려고 합니다.
- 자신의 의견에 동의하지 않거나 자신의 논리를 반박하면 싸우려 합니다.
- 일처리가 느려서 나의 인내심을 시험합니다.
- 문제가 생기면 함께 풀려고 하지 않고 조용히 한 발 뒤로 물러서 버립니다.

1유형이 말하는 6유형 (충성하는 사람)
내가 6유형을 좋아하는 이유
- 자기 보존 본능을 지닌 경우 따뜻하고 사람들을 잘 지지하며 인정이 많습니다.
- 근면하고 믿을 만합니다.
- 맡은 일에 대한 책임감이 강합니다.
- 자신이 믿는 명분을 위해 열심히 일합니다.
- 어려운 시기에 내게 힘이 되어줍니다.

내가 6유형을 힘들어하는 이유

- 공포 대항형인 6유형의 경우는 냉소와 비난의 말을 하며 나를 심하게 몰아세웁니다.
- 나보다도 걱정이 더 많습니다.
- 변덕스럽고 까다로우며 사람이나 상황을 통제하려고 합니다.
- 매사에 꾸물거립니다.

1유형이 말하는 7유형 (모험적인 사람)

내가 7유형을 좋아하는 이유

- 내가 나를 개선하기 위한 방법을 찾는 것처럼, 새로운 지식과 경험을 열심히 찾아다닙니다.
- 자발적이고 융통성이 있습니다.
- 나처럼 더 나은 세상을 꿈꾸는 이상주의자입니다.
- 실패해도 좌절하지 않습니다.

- 자유로운 영혼의 소유자로 삶을 즐기는 법을 알고 있습니다.

내가 7유형을 힘들어하는 이유

- 자기중심적입니다.
- 늘 서두르며 내 말이나 염려에 관심을 두지 않습니다.
- 비판적이고 방어적이며 독선적입니다.
- 규칙을 가볍게 여기고 따르지 않습니다.
- 일을 시작하기 전에 충분히 검토하지 않습니다.

1유형이 말하는 8유형 (주장하는 사람)
내가 8유형을 좋아하는 이유
- 나처럼 긴장하지 않고 인생을 대범하게 삽니다.
- 힘이 넘칩니다.
- 앞장서서 일을 진행하고 마무리 짓습니다.
- 목표에 최선을 다 하도록 격려해 줍니다.
- 자신이 믿는 바를 위해서 용감하게 나섭니다.
- 내 안의 분노를 표현하도록 격려해 줍니다.

내가 8유형을 힘들어하는 이유
- 도가 지나친 행동을 할 때가 많습니다.
- 상처를 주고도 죄책감을 갖거나 후회하지 않습니다.
- 거칠고 무례해서 당황스럽습니다.
- 나와 심하게 다투게 되는 경우가 많습니다.
- 내 방식을 존중하지 않습니다.

1유형이 말하는 9유형 (평화적인 사람)

내가 9유형을 좋아하는 이유

- 포용적이며 나 자신을 좀 더 잘 받아들이도록 도와줍니다.
- 나를 위협하거나 마음대로 조종하려고 하지 않습니다.
- 이해심이 많으며 섣불리 판단하려고 하지 않습니다.
- 보다 넓은 관점으로 상황을 바라보도록 도와줍니다.
- 삶을 느긋하게 즐기도록 격려해 줍니다.

내가 9유형을 힘들어하는 이유

- 느리고 고집이 세며 우유부단해서 나를 답답하게 합니다.
- 중요한 이야기를 하는데도 다른 생각을 하거나 멍하게 있는 경우가 많습니다.
- 때때로 다른 사람들을 통해 대리 만족을 얻으려고 합니다.
- 문제를 해결하거나 최소화하기보다 문제가 저절로 사라지기를 바랍니다.

가장 잠잠한 남편이 가장 몰아치는 아내를 만듭니다.
– 이삭 디즈렐리(Isaac Disraeli)

1유형은 꿈도 꾸지 못할 일

- 배우자가 운동복을 입고 부부 동반 모임에 참석하도록 허락하기

- 거스름돈을 받고나서 정확하게 세어보지 않기
- 자기는 하루 종일 해변에서 일광욕을 하면서 저녁에 초대한 손님들에게 음식 준비해 오라고 말하기
- 배우자가 이성 동료를 칭찬할 때 질투하지 않기
- 사업상 만나는 사람과 식사 자리에서 음료수를 빨대로 소리 내어 마시기
- 수술 후 회복 중에 있는 약혼자를 방문해서 손 하나 까딱하지 않기

1유형과 잘 지내려면

- 그의 도덕성과 높은 기준, 당신과의 관계에서 보여주는 성실성과 안정감에 대해 고마워하십시오.
- 당신이 충직하고 믿음직한 배우자임을 보여주십시오.
- 그가 사람들에게 관심을 보이고 그들을 도우려 할 때 칭찬해 주십시오.
- 카드나 선물, 포옹 등으로 당신이 느끼는 고마움을 표현하십시오.
- 갈등이 생기면 생산적인 해결 방법을 찾고 있다는 것을 보여주십시오.
- 항상 예의를 지키십시오.
- 실수를 인정하십시오. 그는 사람들이 뉘우치는 것을 좋아합니다.

- 집안일을 함께 하십시오. 그는 공정한 것을 좋아합니다.
- 모든 일을 체계적이고 질서정연하게 하고 시간을 잘 지키십시오.
- 감정형 1유형은 부정적인 것은 사소한 것까지 찾아낸다는 것을 기억하십시오.
- 불평할 때 배려하는 마음으로 부드럽게 대하십시오.
- 필요하다면 비판보다 칭찬과 격려가 보다 좋은 결과를 가져온다고 말해 주십시오.

1유형을 도우려면

- 굳이 자신의 완벽함을 입증할 필요가 없다고 확신시켜 주십시오.
- 화를 내도 여전히 그가 사랑받을만한 존재임을 알려주십시오. 그가 당신과 편안하게 논쟁할 정도로 당신을 신뢰하게 되면 훨씬 더 좋아질 것입니다.
- 휴가를 떠나라고 하십시오. 집이나 회사를 벗어나면 기분이 한결 가벼워질 것입니다.
- 취미를 즐기거나 여가 시간을 만들라고 격려하십시오.

- 실수했을 때는 당신이 그를 이해하고 있다고 알려 주십시오.

사랑받기 원한다면 사랑스러워지십시오.
―오비드(Ovid)

도와주는 사람

2유형은 사람들에게 사랑받고 가치 있게 대우받고 싶은 욕구에 따라 행동합니다. 긍정적인 감정 표현을 좋아하고, 주변 사람에게 의존하는 경향이 있습니다.

2, 3, 4유형은 가슴 중심 유형이며, 자신의 이미지, 즉 사람들이 자신을 어떻게 생각하는가를 중요하게 여깁니다. 2유형은 사람들의 삶에 영향을 주고 싶어 하며 명랑하고 배려심이 많으며 사람들에게 호감을 주고 싶어 합니다.

2유형이 긍정적인 모습을 보일 때는	2유형이 부정적인 모습을 보일 때는
다정합니다	돌려서 말합니다
따뜻합니다	지나치게 순응적입니다
적응을 잘 합니다	(외향적인 경우) 감정을 드러내놓고 표현합니다
너그럽습니다	
열성적입니다	통제하려고 합니다
세심합니다	소유욕이 강합니다
고마워합니다	진실하지 못합니다
감정을 잘 알아차립니다	순교자처럼 행동합니다
표현을 잘 합니다	조종하려고 합니다
친근합니다	신경질적입니다

유형 찾기

자신을 잘 표현하고 있다고 생각되는 문항에 표시하십시오.

☐ 1 따뜻하고 친절합니다.
☐ 2 상대를 칭찬하는 것으로 상대방이 나에게 특별한 존재임을 각인시킵니다.
☐ 3 다른 사람과 함께 있을 때는 원하는 바를 요구하기도 어렵고, 심지어 내가 원하는 것조차 잘 모를 때가 있습니다.
☐ 4 사람들에게 존경과 인정을 받거나 고맙다는 말을 듣는 것을 좋아합니다.
☐ 5 사람들은 나의 열정과 낙관적인 태도를 좋아합니다.
☐ 6 누군가에게 안 좋은 마음이 생기면 직접 표현하지는 못하고, 다른 사람에게 그에 대한 불평을 늘어놓곤 합니다.
☐ 7 나를 무시하거나 내가 해 준 일을 당연하게 생각하면 깊이 상처받습니다. 때로는 그 사람에게 교묘한 방법으로 눈에 띄지 않게 골탕을 먹입니다.
☐ 8 받는 것보다 주는 것이 더 마음이 편안합니다.
☐ 9 남에게 먼저 다가가는 것을 좋아하고, 때로는 무언가를 함께 하자고 먼저 제안합니다.
☐ 10 사람들을 돌보느라고 녹초가 된 적이 있습니다.
☐ 11 대화할 때 상대의 눈을 바라보며 경청합니다.
☐ 12 때때로 사람들은 내가 감정적이고 기복이 심하다고 이야기합니다.
☐ 13 내가 해 준 일에 대해 그들이 고마워하지 않는 데도 알아채지 못할 때가 있습니다.
☐ 14 이따금 깊은 외로움을 느낍니다.
☐ 15 내가 외롭거나 힘들면 사람들이 눈치 채지 못하게 하려고 노력합니다.
☐ 16 누군가 나에게 자신의 문제를 털어놓는 것을 좋아합니다.
☐ 17 사람들이 무엇을 원하는지, 어떻게 느끼는지 잘 알아차립니다.
☐ 18 사람들이 나를 좋아하게 만드는 방법을 알고 있습니다.
☐ 19 남을 위해 내가 원하는 것을 포기한 행동이 무의미했다는 사실을 깨닫는 순간 덫에 걸린 느낌이 들어 스스로에게 화가 나곤 합니다.
☐ 20 사람들에게 도움이 되거나 꼭 필요한 존재라는 느낌이 들 때 행복합니다.

당신의 하위 유형(Subtype)은 무엇입니까?

당신은 하위 유형 한 가지, 두 가지 혹은 세 가지 전부와 관련되어 있습니다.

각각의 하위 유형은 자신의 본능을 따르는 삶의 모습을 나타냅니다. 각 유형에는 세 가지의 본능이 있습니다. 자신의 편안한 삶을 중요하게 생각하는 '자기 보존 본능', 자신이 속한 공동체를 중요시하는 '사회적 본능', 자신이 맺고 있는 일대일 관계를 중요하게 여기는 '일대일 본능'이 있습니다. 이러한 본능은 생활 속에서 무의식적으로 드러나곤 합니다. 대부분은 한두 가지 본능을 지나치게 사용합니다. 본능이 한쪽으로 치우치면 건강하게 성장하기 어렵습니다.

　다른 사람의 사랑을 받는 것에서 존재 의미를 찾는 2유형의 욕구는 하위 유형에 따라 다음과 같이 나타납니다. 2유형이 성숙하면 사람들이 우러러보거나 사람들에게 인정받아야만 가치 있는 존재가 되는 것은 아니라는 것을 깨닫게 됩니다.

2유형의 자기 보존 본능 : 특권을 누릴 자격이 있다고 생각함

- 나의 헌신과 희생에 대해 고마움을 표현하지 않으면 화가 나고 상처를 받습니다.
- 자신을 소중히 여기기에 가끔 혼자 특별한 식사를 하거나 자신에게 선물을 합니다.
- 가끔 필요 이상 돈을 쓸 때는 그럴 만한 이유가 있다고 생각합니다.
- 경제적, 정서적으로 도움을 주고 싶은 대상이 필요합니다.
- 때때로 자신을 아직 어리고 도움이 필요한 사람으로 여기면서도 남을 돕고 강한 사람인 척 행동해서 이런 마음을 숨기려고 합니다.
- 자신 덕분에 배우자가 잠재력을 실현하면 스스로 중요한 사람이 된 것 같아 만족스럽고 실패의 부담감에서 해방된 느낌을 받습니다.

– 베푼 만큼 특권을 누릴 수 있다고 생각합니다.

2유형의 사회적 본능 : 야심

대단한 사람을 사랑하려면 그에 걸맞게 대단해져야 합니다.
—수잔 컬커드(Suzanne Curchod)

– 다른 사람에게 선한 영향을 주고 싶어 합니다.
– 리더나 핵심참모 같은 중요한 역할을 원합니다.
– 집중 관심을 받는 일을 할 때 실패하여 당황하지 않을까 불안합니다.
– 인정을 갈망하며 자신의 친절하고 따뜻한 성품과 전문 지식이 높이 평가받기 원합니다.
– 인정받기 위해서 밝고 열정적인 매력을 보여 주고 집에서도 상냥하려고 노력합니다.
– '너 아니면 못 했을 거야' 라는 칭찬을 정말 좋아합니다.
– 배우자나 직속상관을 성공한 사람으로 만들고 싶어 하면서도 정작 지나친 희생을 하게 되면 후회합니다.

2유형의 일대일 본능 : 집요한 유혹

- 인간관계를 포함한 삶의 전반에서 내가 원하는 것을 추구합니다.
- 다른 사람에게 먼저 다가가지 않으면 잊혀지거나 무시당할 것이라고 느낍니다.

- 태도를 바꾸거나 옷을 잘 입거나 매력을 발산하고 상대가 좋아하는 것을 파악하거나 경청하기 등 이성을 유혹하는 최고의 비책을 가지고 있습니다.
- 친밀한 관계를 갈망하면서도 자칫 자신을 잃을 수도 있다는 것을 경험으로 알고 있습니다.
- 가끔 친밀한 관계를 거부당하는 두려움을 피하기 위해 잘 맞지 않는 사람이나 만나기 불편한 사람을 선택하기도 합니다.
- 자신을 성숙시키거나 잠재력을 끌어낼 수 있는 사람을 배우자로 고르기도 합니다.
- 일단 따라다녀서 내 사람으로 만든 후에야 정말 그 사람을 좋아하는지 아닌지 알게 됩니다.

날개

날개는 당신의 유형 양 옆에 있는 유형입니다. 3유형 날개의 영향을 받으면 자기 이미지에 더 많이 신경 쓰게 하고, 1유형 날개의 영향을 받으면 일을 제대로 처리하는 것을 보다 중요하게 생각하도록 만듭니다.

    1유형 날개가 발달한 2유형은 원칙에 충실하고 이타적이며 객관적입니다. 죄책감에 시달리기 쉽고 스스로에 대해 비판적이며 남을 통제하거나 판단하려고 하며 독선적이고 내향적인 경향이 있습니다.

    3유형 날개가 발달한 2유형은 사교적이고 자신감 넘치며 야망이 있습니다. 경쟁적이고 허영심이 있으며 외향적이고 사람이나 상황을 조종하려고 하는 경향이 있습니다.

    사람들은 외부 세계를 대할 때 자신의 실제 유형보다는 날개 중에 한 유형의 성격을 나타내기도 합니다.

화살

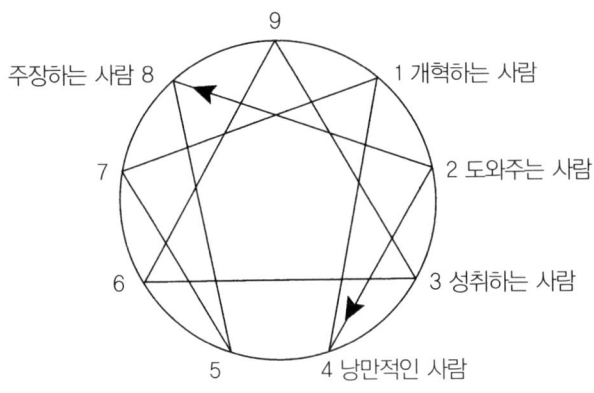

당신의 성격은 당신의 유형과 연결된 두 개의 유형에도 영향을 받습니다. 2유형의 화살은 4유형과 8유형입니다.

날개와 화살이 미치는 영향

날개와 화살은 자기 유형과 밀접한 관련이 있어 자신도 모르는 사이에 성격에 영향을 미칩니다. 평화로운 상태에서는 날개와 화살의 긍정적인 면이 나타나고, 스트레스 상황에서는 부정적인 면이 드러납니다. 스스로 성장하고 싶다면 의도적으로 화살의 긍정적인 면은 받아들이고 부정적인 면을 피하려고 노력해야 합니다. 자기 날개 유형과 화살 유형에 대해 자세히 알고 싶으면 1, 3, 4, 8유형에 대해 읽어보십시오.

2유형은 능률적인 두 유형 사이에 있습니다. 1유형 날개를 통해 질서정연함과 명료성, 객관성, 이상주의 성향을 개발하지만, 남을 판단하거나 성인군자처럼 행동하는 성향과 비관주의를 조심해야 합니다. 3유형 날개를 통해 활기차고 긍정적이며 뚜렷한 목표를 가질 수 있지만, 자기중심적이고 지나치게 경쟁적이며 자기 목적을 위해서라면 서슴지 않고 다른 사람을 이용하려는 경향을 주의해야 합니다.

4유형 화살을 개발하면 잠재된 창의성을 발휘할 수 있고 좋아하는 감정이 아닌 보다 다양한 감정을 폭넓게 느끼고 표현할 수 있습니다. 더욱 진솔해지고 남을 돕는 것 외에도 자신에게 좋은 자질이 있다는 것을 깨달으며 혼자 있는 것을 더 즐길 수 있습니다. 질투가 많고 자신에게 몰두하는 경향은 경계하십시오.

자기주장이 강한 8유형 화살은 남을 돕기 좋아하는 2유형과 차이가 있습니다. 하지만 사람들이 희생한 당신에게 고마워하지 않으면 이런 성향이 나타납니다. 8유형 화살을 통해 자신감과 힘, 원하는 바를 솔직히 표현하고 직접 추구하는 긍정적인 자질을 개발할 수 있습니다. 공격적이고 남을 비난하며 모든 것을 장악하려고 하는 성향은 피하십시오.

건강한 2유형은 따뜻하고 관대하며 공감을 잘 하고 인정이 많습니다. 자기 관심사나 자신에 대한 감각을 잘 유지하면서도 훌륭한 배우자이자 친구가 됩니다.

2유형의 관계

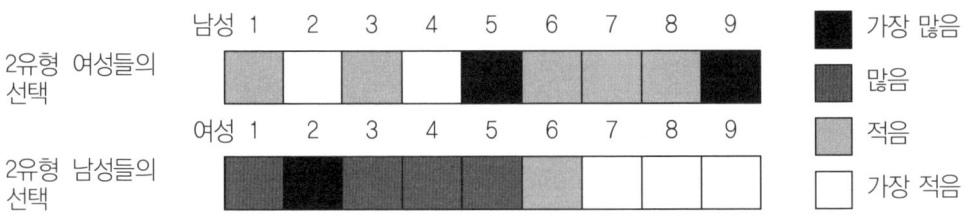

다른 사람에게 필요한 사람이 되는 것 보다 더 멋진 일은 없습니다.
— 문 도그(Moondog), 시인

2유형이 말하는 1유형 (개혁하는 사람)

내가 1유형을 좋아하는 이유

— 확고하고 꾸준하며 신뢰할 만하기 때문에 안정감을 느낍니다.

— 약속을 잘 지킵니다.

— 실제적인 세부 사항을 잘 챙깁니다.

— 공동체에 대한 의무감과 책임감이 강합니다.

— 세상을 더 나은 곳으로 만들기 원합니다.

— 나에게 있는 탁월한 관계 맺는 능력의 가치를 알아봅니다.

내가 1유형을 힘들어하는 이유

— 자기 기준에 부합하지 못한다고 비난하면 내가 부족하다는 느낌이 들어 상처받고 화가 납니다.

— 사람들을 지나칠 정도로 엄격하게 대하고 불편한 감정을 오래 품기도 합니다.

— 사랑한다는 마음을 잘 표현해 주지 않습니다.

— 일에 너무 치중하는 나머지 함께 놀 시간이 없습니다.

— 자기 돈 관리에 지나치게 신중합니다.

2유형이 말하는 2유형 (도와주는 사람)

내가 2유형을 좋아하는 이유

− 서로에게 잘 맞춰줄 수 있습니다.

− 함께 있는 것을 즐거워합니다.

− 서로를 진정으로 사랑하고 상대가 자신의 가치를 알고 있다는 느낌을 받습니다.

− 가족과 친구를 소중히 여깁니다.

− 함께 이야기하는 것을 즐기고 관계를 소중히 생각하며 같은 영화나 연극, 책을 좋아합니다.

내가 2유형을 힘들어하는 이유

− 서로에게 직접 솔직하게 이야기하는 것을 어려워합니다.

− 비난에 매우 민감하며 쉽게 상처받습니다.

− 같이 있을 때는 어디를 가고 무엇을 할지 결정하는 것이 어렵습니다.

− 때로는 서로 관심을 받기 위해 경쟁합니다.

− 다른 이성에게 추파를 던져 상대의 질투를 유발할 수 있습니다.

2유형이 말하는 3유형 (성취하는 사람)
내가 3유형을 좋아하는 이유
- 열정이 넘치고 긍정적이며 밝습니다.
- 대체로 일을 성공적으로 마무리합니다.
- 좋은 인상을 줍니다.
- 다양한 부류의 사람들과 잘 어울립니다.
- 그를 책임져야 한다는 부담을 주지 않아서 자유로운 느낌을 받습니다.

내가 3유형을 힘들어하는 이유
- 비난에 지나치게 민감합니다.
- 우리 관계의 문제점에 대해 이야기를 하려 들면 곧바로 방어적인 태도를 취합니다.
- 자기 자랑이 많고 자만하는 경향이 있습니다.
- 일과 결혼한 것처럼 성과를 올리는 데만 힘을 쏟고 개인 생활은 소홀히 합니다.

2유형이 말하는 4유형 (낭만적인 사람)
내가 4유형을 좋아하는 이유
- 연민이 있고 따뜻합니다.
- 나의 좋은 점들을 잘 알아차리고 가치 있게 생각합니다.

- 내면세계가 역동적이고 풍부합니다.
- 색다른 방식으로 나를 재밌게 해줍니다.
- 패션 감각이 독특하며 심미적입니다.

내가 4유형을 힘들어하는 이유
- 내향적인 4유형의 경우 사람들과 함께 있는 것을 부담스러워 합니다.
- 나처럼 사람들과의 관계에서 밀고 당기는 게임을 하려고 합니다.
- 우월하게 행동하며 화를 잘 내고 비판적이며 때로 과민 반응을 보입니다.
- 현실 감각을 잃고 감정에 몰입하는 경향이 있으며, 곁에 있으면 우울감에 빠집니다.

2유형이 말하는 5유형 (관찰하는 사람)

내가 5유형을 좋아하는 이유
- 흥미롭고 절제된 유머 감각이 있습니다.
- 이야기를 잘 들어주고 효과적인 피드백을 줍니다.
- 내게는 다소 부족한, 독립적이고 객관적이며 거리를 두는 능력을 갖고 있습니다.
- 차분하고 조용하며 꾸준합니다.
- 나의 내면을 잘 들여다보도록 도와줍니다.

내가 5유형을 힘들어하는 이유
- 자기 일과 연구에 몰입하느라 내게 충분한 관심을 주지 않습니다.
- 관계에서 한 걸음 물러나 있는 경우가 많아서 상처받고 버림받은 느낌을 받습니다.
- 때로 지나치게 추상적입니다.
- 내가 너무 감정적이라며 나를 가볍게 생각합니다.
- 지나치게 조용하며, 모임이나 사회 활동을 기피합니다.

2유형이 말하는 6유형 (충성하는 사람)

내가 6유형을 좋아하는 이유

- 내가 감정을 솔직하게 표현하는 것을 존중해 줍니다.
- 유머 감각이 뛰어납니다.
- 양심적이고 충직하며 책임감이 있습니다.
- 사회적 약자나 어려운 형편에 처한 사람을 잘 보살펴 줍니다.
- 언제든 기댈 수 있는 사람이라는 믿음을 줍니다.

내가 6유형을 힘들어하는 이유

- 분석적이고 이론적이며 가끔 나타나는 조바심과 안달이 신경 쓰입니다.
- 칭찬이나 기분 좋은 말 뒤에 늘 꿍꿍이가 있다고 생각합니다.
- 때로는 부정적이고 변덕스럽습니다.
- 나를 시험하고 놀리고 빈정거립니다.

2유형이 말하는 7유형 (모험적인 사람)

내가 7유형을 좋아하는 이유

- 사교적이며 삶을 충분히 즐길 줄 압니다.
- 내가 좋아하는 일을 할 수 있는 여유를 줍니다.
- 내가 아는 사람이라는 것이 자랑스러울 만큼 다재다능합니다.
- 내가 자신의 희망, 꿈, 계획에 관심이 있다는 것을 고마워합니다.
- 매력적이고 사랑스러워서 계속 관심을 갖게 됩니다.

내가 7유형을 힘들어하는 이유

- 자기 이야기로 대화를 혼자 끌어갈 때면 당황스럽고 지루합니다.
- 넘치는 열정 탓에 정신이 없을 때가 있습니다.
- 나와 상의하지 않고 일을 추진해서 내가 중요하지 않은 존재라는 느낌을 갖게 합니다.
- 우리 관계에서 생긴 힘든 상황을 이야기할 때도 나를 무시하거나 공감하지 못합니다.
- 나를 부담스러워하거나 냉정할 때도 있습니다.

2유형이 말하는 8유형 (주장하는 사람)

내가 8유형을 좋아하는 이유

- 정열적으로 살며 삶에 열정이 넘칩니다.
- 강하지만 친밀한 관계에서는 한없이 부드럽습니다.
- 현실적이고 신체 접촉을 좋아합니다.
- 내가 신뢰받는 특별한 존재라는 느낌을 줍니다.
- 내가 자기 말을 잘 들어주는 것을 고마워합니다.
- 나를 보호하고 격려해줍니다.
- 자신이 원하는 것을 알고 자기 생각을 말로 잘 표현합니다.

내게 하루를 이렇게 보내라고 지시하지 마십시오.
— 어떤 8유형

내가 8유형을 힘들어하는 이유

- 소유욕이 강하고 요구사항이 많으며 거칩니다.
- 남을 판단하거나 통제하고 지배하려고 합니다.
- 사람들에게 거칠고 부적절하게 행동하거나 자기 이야기를 너무 많이 할까 봐 걱정됩니다.
- 나와 다른 사람의 감정과 필요를 잘 알아차리지 못합니다.
- 연약해서 혼자 설 수 없을 것 같은 두려움을 부정적으로 자극합니다.

2유형이 말하는 9유형 (평화적인 사람)

내가 9유형을 좋아하는 이유

- 함께 있으면 편안하고 안심이 되며, 내가 사랑받는 특별한 존재라는 느낌을 받습니다.
- 친밀하고 가까운 관계를 좋아합니다.
- 내 말을 주의 깊게 들어 줍니다.
- 자기보다 나의 안위를 먼저 생각해 줍니다.
- 그를 칭찬하거나 그를 위해 도움을 주면 무척 고마워합니다.
- 부드럽고 친절합니다.

내가 9유형을 힘들어하는 이유

- 대놓고 거절하지는 않지만 수동적인 공격성을 보입니다.
- 무심하고 결단력이 없으며 의욕이 부족해 보입니다.
- 자기가 책임질 몫을 소홀히 생각하는 경향이 있습니다.
- 말을 안 하거나 한 걸음 물러나 있는 식으로 나를 힘들게 합니다.
- 화가 나면 나보다 자기 취미 활동을 더 중요시합니다.

2유형이 꿈도 꾸지 못할 일

– 각자 음식을 준비해 오는 파티에 빈손으로 나타나기

– 배우자의 옷장에 무슨 옷이 들어 있는지 신경 쓰지 않기
– 집의 인테리어를 바꾸고 난 후 자기 안목이 얼마나 높은지 이야기하지 않기
– '훌륭한 시민상'을 받고도 아무에게도 말하지 않고 있기
– 이성 친구 부모님을 만났을 때 그분들이 좋아할 만한 말을 하지 않기
– 이성 친구 생일 카드에 자기 이름을 적지 않거나 달콤한 말을 생략하기
– 사소한 부탁을 거절하기
– 자기를 거절한 사람이 그 말을 취소하고 용서를 구하는 상황을 바라지 않기
– 에니어그램을 통해 긍정적으로 변화된 후 에니어그램을 다른 사람에게 권하지 않기

2유형과 잘 지내려면

- 그의 따뜻함과 관용, 열정, 유머 감각의 가치를 높이 평가하십시오. 그의 도움과 관심이 고맙다고 이야기하고, 이야기하고, 또 이야기하십시오.
- 카드나 선물을 주거나 포옹하는 등 낭만적인 방법으로 그가 당신에게 특별한 존재임을 계속 표현하십시오.
- 그가 좋아하는 일들을 함께 하고 그에게 자유와 여유를 주십시오. 그는 독립과 의존 사이에서 안절부절 못하고 있습니다.
- 세상을 올바르고 아름답게 만들고 싶어 하는 그의 이상에 고마움을 표현하십시오.
- 그는 친밀한 관계를 통해 상대가 자신을 가장 친한 친구라고 느끼게 합니다. 외향적인 2유형은 상대가 자신에게 지나치게 의존하거나 상대방에게 둘러싸여 질식할 것 같은 느낌이 들면 사라질 수 있음을 명심하십시오.
- 그가 좋아하는 주제에 대해 이야기하십시오.
- 비판할 때는 부드럽고 지혜롭게 하십시오.
- 당신이 그의 겉모습과 그가 한 일을 인정하고 감탄하고 있다는 사실을 알려주십시오. 어떤 2유형은 당신이 자기를 좋아한다는 것을 모든 사람이 알기를 바랍니다.

2유형을 도우려면

- 그가 당신의 삶과 고민에만 관심 갖지 않도록 그의 삶과 고민에 관심을 표하십시오.
- 당신이 원하는 말이 아니라 그가 원하고 느끼는 것을 솔직하게 말할 기회를 주십시오.
- 도움을 청하는 것을 쑥스러워하므로 도움 받는 법을 배우도록 격려하십시오.
- 분노를 표현하거나 갈등에 휘말려도 괜찮다고 격려하십시오. 두 사람의 관계에서 서로 편안하고 안전하게 느끼는 거리가 어느 정도인지 구체적으로 이야기 나누십시오.
- 그가 개인적으로 원하는 창의적인 활동을 하도록 응원하십시오.

진비는 혼자 창의적인 일에 몰두하는 것을 좋아합니다.

일찍 자고 일찍 일어나십시오. 죽도록 일하십시오.
그리고 사람들에게 자신을 알리십시오.
– 로렌스 J. 피터(Laurence J Peper)

성취하는 사람

3유형은 사람들에게 인정받고자 성공을 추구하는 생산적이고 효율적인 사람이 되고 싶은 욕구에 따라 행동합니다.

    2, 3, 4유형은 가슴 중심 유형입니다. 3유형은 사람들에게 긍정적인 평가를 받기 위해 노력하며, 자신의 느낌보다 다른 사람의 반응과 평가에 더 집중하는 경향이 있습니다.

3유형이 긍정적인 모습을 보일 때는	3유형이 부정적인 모습을 보일 때는
열정이 넘칩니다	자기중심적입니다
효율적입니다	가식적입니다
낙관적입니다	허영심이 보입니다
근면합니다	겉모습을 중요시 합니다
자주적입니다	앙심을 품습니다
실용적입니다	지나치게 경쟁적입니다
책임감이 강합니다	기만적입니다
통솔력이 있습니다	방어적입니다
유능합니다	기회주의자입니다

유형 찾기

자신을 잘 표현하고 있다고 생각되는 문항에 표시하십시오.

☐ 1 잠재력을 발휘하고 인정받기 위해 끊임없이 노력합니다.
☐ 2 열정이 넘쳐서 일을 많이 할수록 기분이 좋고, 기분이 좋을수록 일을 많이 합니다.
☐ 3 자기 능력에 대한 자신감이 넘칩니다.
☐ 4 하는 일에 대한 목표와 열정이 뚜렷합니다.
☐ 5 자기 주도적이며 자신을 위해 새로운 목표를 설정합니다.
☐ 6 일이 잘못되지 않을까보다 무엇을 할 수 있는가에 관심을 갖습니다.
☐ 7 영업에 능하며 남에게 영향을 주고 동기 부여하고 설득하는 일은 자신 있어 합니다.
☐ 8 일의 효율을 높이기 위해서는 완벽하지 않아도 넘어갑니다.
☐ 9 사람들이 자신의 젊음과 활력을 부러워할 때 좋아합니다.
☐ 10 배우자나 친구보다 일을 더 우선시할 때가 많습니다.
☐ 11 자기감정에 대한 진지한 대화는 피하는 편입니다.
☐ 12 내가 잘했다고 생각하는 일을 친구들에게 말하기를 좋아하지만, 돌려서 말하기도 합니다.
☐ 13 나에 대한 사람들의 반응을 예민하게 알아차립니다.
☐ 14 활발합니다.
☐ 15 지나친 친밀감을 두려워하여 너무 가깝다 싶으면 떠나기도 합니다.
☐ 16 성향이 다른 다양한 집단의 사람들과도 잘 어울립니다.
☐ 17 효율적이고 체계적이며 동시에 여러 가지 일이 가능합니다.
☐ 18 남들은 내가 일을 쉽게 한다고 하지만 실제로는 노력을 많이 합니다.
☐ 19 나보다 더 성공한 사람들이 늘 부럽습니다.
☐ 20 사람들과 대립하는 상황은 가능하면 피합니다.

당신의 하위 유형(Subtype)은 무엇입니까?

당신은 하위 유형 한 가지, 두 가지 혹은 세 가지 전부와 관련되어 있습니다.

각각의 하위 유형은 자신의 본능을 따르는 삶의 모습을 나타냅니다. 각 유형에는 세 가지의 본능이 있습니다. 자신의 편안한 삶을 중요하게 생각하는 '자기 보존 본능', 자신이 속한 공동체를 중요시하는 '사회적 본능', 자신이 맺고 있는 일대일 관계를 중요하게 여기는 '일대일 본능'이 있습니다. 이러한 본능은 생활 속에서 무의식적으로 드러나곤 합니다. 대부분은 한두 가지 본능을 지나치게 사용합니다. 본능이 한쪽으로 치우치면 건강하게 성장하기 어렵습니다.

가치 있고 존중받는 존재라는 느낌을 받기 위해 성공적인 모습만을 보이기 원하는 3유형의 욕구는 하위 유형에 따라 다음과 같이 나타납니다. 3유형이 성숙하면 존재만으로도 만족하게 됩니다.

3유형의 자기 보존 본능 : 안전

– 경제적 안정을 무척 중요하게 생각합니다.
– 신체적으로 건강한 상태를 유지하고 싶어 합니다.
– 자기 분야에서 성공하기 위해 계속 새 기술을 배우고 최신 정보를 얻으려고 합니다.

- 갈등 없이 잘 지내는 좋은 구성원이 되려고 노력합니다.
- 휴가 중에도 일을 할 만큼 웬만하면 일을 손에서 놓지 않습니다.
- 지도자가 되거나 주목 받는 자리에 서는 것만을 성공으로 생각하지 않고, 자신과 경쟁하며 스스로 만족하기 위해 노력합니다.

3유형의 자기 보존 본능은 다른 하위 유형에 비해 외향성이 적고 자기 이미지에 대한 관심도 적어서 자신이 3유형인지 잘 모를 수도 있습니다.

3유형의 사회적 본능 : 명성

> 대중 연설만큼 성공을 보여줄 수 있는 것은 없습니다.
> – 프랜 레보위츠(Fran Lebowite)

- 넘치는 열정과 효율성, 결단력 있는 리더로서 사람들이 일을 잘 하도록 동기 부여하고 현명한 해결책을 제시하며 대중의 이목을 사로잡습니다.

- 사회적 영향력이 있는 성공한 사람들과 친분이 있다는 것에 자부심을 느낍니다.
- 성공 기회를 제공하는 공동체에 속해 있습니다.
- 성향이 다른 사람들과 어울리기 위해 태도를 바꾸거나 상황에 맞게 차려 입을 줄 압니다.
- 자격증, 지위, 학위 같은 것을 무척 중요하게 여깁니다.
- 이름 없는 사람으로 남게 되는 것을 무엇보다 수치스럽게 느낍니다.
- 사고형인 3유형은 공동체의 목표에 집중하고, 감정형인 3유형은 구성원들과 조화를 이루려고 합니다.

3유형의 일대일 본능 : 남성성과 여성성

- 자신의 카리스마, 성공, 성적 매력, 영향력을 통해 이성에게 깊은 인상을 주려고 합니다.
- 매력적으로 보이는 비법을 잘 알고 있습니다.
- 어떻게 하면 매력적으로 보이는가에 관심이 많으며 옷차림도 신경을 많이 씁니다.
- 배우자에게 매력적으로 보이고 싶어서 상대의 취향에 맞춰 행동하려고 합니다.
- 대단해 보이는 사람과 특별한 관계라는 것을 사람들이 부러워해 주기를 바랍니다.
- 설득이 안 될 것 같은 사람은 처음부터 설득하려고 하지 않습니다.
- 사람들이 자신을 속속들이 알면 내칠지도 모른다는 두려움을 갖고 있습니다.

날개

날개유형은 당신의 유형 양 옆에 있는 유형입니다. 3유형은 2유형 날개를 통해 사람들의 마음을 보다 중요하게 생각할 수 있으며 4유형 날개를 통해서는 상상력을 발달시키거나 우울한 성향을 얻을 수 있습니다.

    2유형 날개가 발달한 3유형은 사교적이고 잘 베풀며 다른 사람에게 잘 맞춰줍니다. 매력적이고 강한 소유욕과 타인을 조정하는 능력, 아첨하는 경향이 있습니다.

    4유형 날개가 발달한 3유형은 창의적이고 내성적이며 지적이면서 거만합니다. 개인적이고 감정기복이 심하며 우울감과 허세가 있습니다.

    사람들은 외부 세계를 대할 때 자신의 실제 유형보다는 날개 중에 한 유형의 성격을 나타내기도 합니다.

화살

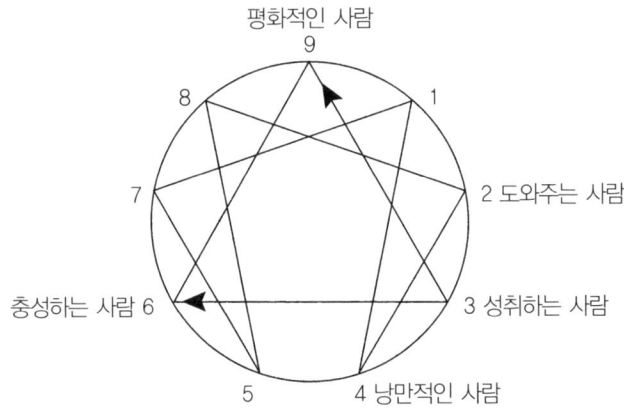

당신의 성격은 당신의 유형과 연결된 두 개의 유형에도 영향을 받습니다. 3유형의 화살은 6유형과 9유형입니다.

날개와 화살이 미치는 영향

날개와 화살은 자기 유형과 밀접한 관련이 있어 자신도 모르는 사이에 성격에 영향을 미칩니다. 평화로운 상태에서는 날개와 화살의 긍정적인 면이 나타나고, 스트레스 상황에서는 부정적인 면이 드러납니다. 스스로 성장하고 싶다면 의도적으로 화살의 긍정적인 면은 받아들이고 부정적인 면을 피하려고 노력해야 합니다. 자기 날개 유형과 화살 유형에 대해 자세히 알고 싶으면 2, 4, 6, 9유형에 대해 읽어보십시오.

3유형은 어떤 일의 성공을 위해 바쁩니다. 2유형 날개와 4유형 날개를 사용하면 감정을 느끼고 의미 있는 관계를 만들 수 있습니다. 2유형 날개의 영향을 받으면 보다 다정하고 남을 잘 도우며 타인의 감정에 공감을 잘 할 수 있게 됩니다. 2유형의 소유욕과 질투는 피해야 합니다. 4유형 날개의 영향을 받으면 예술적인 감각을 갖게 되고 자기 내면을 보게 되며 예민한 감수성을 갖게 됩니다. 4유형의 고상한 척하고 남에게서 한 발 물러나려는 성향은 주의하십시오.

6유형 화살을 활용하면 관계에 보다 충실하고 자기가 믿는 명분을 잘 지킬 수 있게 됩니다. 6유형의 적개심과 우유부단, 의존성은 주의해야 합니다. 9유형 화살의 도움을 받으면 마음의 여유를 갖고 상대를 배려하는 수용적인 사람이 될 수 있습니다. 성공에 대한 부담을 내려놓고 여유를 찾게 되면 심장마비 가능성도 줄어듭니다. 무덤덤한 면이나 수동적인 공격으로 사랑하는 사람을 불편하게 하는 9유형 성향은 조심하십시오.

건강한 3유형은 자신감이 넘치는 원만한 성격으로 매사에 긍정적이고 수용적입니다. 자기가 받은 인정을 동료에게 돌릴 줄도 알고, 모두에게 이익이 되는 방향으로 문제를 해결하며 의미 있는 목표를 효과적으로 수행함으로써 주변 사람들에게 기쁨을 선사합니다.

3유형의 관계

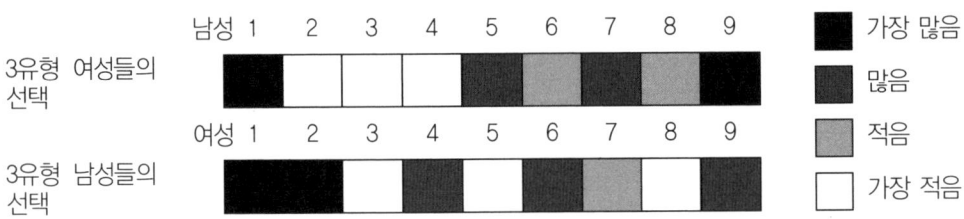

첫 인상을 심어줄 기회는 단 한 번입니다.
–헤드 앤 숄더즈 (Head & Shoulders) 의 광고 문안

3유형이 말하는 1유형 (개혁하는 사람)

내가 1유형을 좋아하는 이유

– 나와 마찬가지로 엄청난 양의 일을 성취합니다.

– 자신을 잘 표현합니다.

– 자기 기술을 지속적으로 발전시킵니다.

– 자기 이상과 주어진 과제를 결단력 있게 수행합니다.

– 현실적이고 효율적이며 믿음직스럽습니다.

내가 1유형을 힘들어하는 이유

– 긴장감이 많아서 나까지도 불안하게 만듭니다.

– 내가 자기처럼 원칙에 충실하지 않다고 비난합니다.

– 칭찬에 인색합니다.

– 잘못한 일을 마음에 담아두고 좀처럼 용서하지 않습니다.

– 자기 삶의 방식이 나보다 낫다고 생각하는 독선적인 면이 있습니다.

3유형이 말하는 2유형 (도와주는 사람)

내가 2유형을 좋아하는 이유

- 내가 원하는 것을 미리 알고 지지하며, 나를 중요한 사람으로 대우합니다.
- 무한 관심과 애정을 쏟습니다.
- 따뜻하고 이해심이 많으며 같이 있으면 즐겁습니다.
- 사람들에게 좋은 인상을 줍니다.
- 누구든지 쉽게 친해집니다.

내가 2유형을 힘들어하는 이유

- 원하는 것을 들어주지 않으면 토라집니다.
- 아무 것도 아닌 일에 지나치게 감정적일 때가 있습니다.
- 자신이 원하는 일을 하도록 나를 조종하려고 합니다.
- 너무 많은 관심을 원합니다.

3유형이 말하는 3유형 (성취하는 사람)

내가 3유형을 좋아하는 이유

- 일을 잘할 뿐 아니라 생산적인 결과를 만들어 냅니다.
- 열심히 일하고 싶어 하는 서로의 마음을 잘 이해합니다.
- 사람들에게 보이는 자기 모습에 자부심을 느낍니다.
- 활발한 활동을 같이 하는 것을 좋아합니다.
- 흥미로운 사람과 사귀는 것을 좋아합니다.

내가 3유형을 힘들어하는 이유

– 서로를 너무 몰아세우다 결국 스트레스 받고 지치게 됩니다.

– 일에만 몰두한 나머지 서로에게 충분한 관심을 쏟지 않습니다.

– 진실한 마음을 표현하는 데 서툽니다.

– 두 사람 사이의 경쟁이 과열될 수 있습니다.

3유형이 말하는 4유형 (낭만적인 사람)

내가 4유형을 좋아하는 이유

– 나의 재능과 능력을 알아주고 격려해 줍니다.

– 패션과 인테리어 감각이 세련되고 우아합니다.

– 따뜻한 사람이어서 내 고객이나 동료, 친구들도 편안하게 대합니다.

– 외향적인 4유형은 표현력이 뛰어나고 남을 즐겁게 만듭니다.

– 사람들을 덜 의식하고 보다 개인적인 사람이 되도록 돕습니다.

– 대다수 사람에게는 없는 그 사람만의 독특함이 있습니다.

내가 4유형을 힘들어하는 이유

– 감정 기복이 심해서 불안합니다.

– 예상치 못하게 갑자기 멀어질 때가 있습니다.

– 정서적 갈증으로 끝없이 갈망합니다.

– 내가 피상적이고 일만 하며 내 감정에 무심하다고 비난합니다.

– 지나치게 독특한 옷차림이나 행동으로 나를 당황하게 만듭니다.

3유형이 말하는 5유형 (관찰하는 사람)

내가 5유형을 좋아하는 이유

- 신사적으로 대접해 줍니다.
- 내가 하는 일에 관심을 갖고 도움이 되는 반응을 보입니다.
- 재치가 있습니다.
- 색다른 관점으로 사물을 바라봅니다.
- 자기 관심사에 몰두하느라 바빠서 내가 일에 시간을 많이 쓰는 것도 잘 받아들입니다.
- 자신의 깊고 해박한 지식을 나와 공유합니다.

내가 5유형을 힘들어하는 이유

- 본격적인 업무 착수시점에도 추상적인 말만 늘어놓으며 현실적이지 못할 때가 있습니다.
- 우리 관계를 중요하게 여기면서도 시무룩하거나 언짢아하며 때로 혼자 있고 싶어 합니다.
- 야망이 없어 보입니다.
- 외모에 거의 신경을 쓰지 않습니다.
- 지나치게 개인적이고 사회성이 부족합니다.

3유형이 말하는 6유형 (충성하는 사람)

내가 6유형을 좋아하는 이유

- 양심적이고 책임감이 강합니다.
- 흥미로운 생각을 많이 하며 유머 감각이 있습니다.
- 내 일과 업적을 가치 있게 여기면서도 있는 그대로의 내 모습을 사랑합니다.
- 감정형인 6유형은 내 편이 되어 곁에 있을 것이라고 확신할 만큼 따뜻하고 충직합니다.

내가 6유형을 힘들어하는 이유

- 문제가 생겼을 때 자기 책임을 인정하기보다 다른 사람을 비난합니다.
- 감정형인 6유형은 지극히 사소한 무시를 자신이 완전히 거부당한 것으로 받아들입니다.
- 사고형인 6유형은 오만하며 사람들에게 모욕감을 주기도 합니다.
- 일이 잘 될 가능성은 고려하지 않고 비관적으로 생각하며 걱정하는 탓에 가끔 짜증납니다.

3유형이 말하는 7유형 (모험적인 사람)
내가 7유형을 좋아하는 이유
- 긍정적이고 활력 넘치고 즐거워 보입니다.
- 다양한 관심사로 다재다능해서 내가 일에 몰두할 때도 하고 싶은 일을 하느라고 바쁩니다.
- 쾌활하고 긍정적이며 활력이 넘치고, 어떤 일을 함께 하면 재미있을지 생각하고 있습니다.
- 나처럼 열정이 넘쳐흘러 나와 잘 맞습니다.
- 재미있고 깜짝 놀랄 만한 일들을 잘 생각합니다.

내가 7유형을 힘들어하는 이유
- 자기 행동에 책임을 지지 않습니다.
- 정리 정돈을 잘 못하는 편입니다.
- 생각이 너무 자주 바뀝니다.
- 쉽게 곁길로 새며 내게 책임을 떠넘기곤 합니다.
- 퉁명스럽거나 불손할 때가 있으며, 나를 무시하거나 생각 없이 말을 던지기도 합니다.
- 자신이 나보다 우월하다고 느낄 때가 있습니다.

3유형이 말하는 8유형 (주장하는 사람)
내가 8유형을 좋아하는 이유
- 자신감 넘치고 유능하며 일을 성공적으로 처리합니다.
- 어떤 일이든 엄청난 에너지를 쏟아 붓습니다.
- 솔직하게 직접 이야기할 수 있도록 용기를 줍니다.
- 사람들의 시선을 개의치 말아야 한다는 것을 보여주는 좋은 본보기입니다.
- 충직하고 너그러우며 사랑이 많습니다.

내가 8유형을 힘들어하는 이유

– 내가 피상적이다 싶으면 바로 나무랍니다.

– 위압적이고 지배욕이 강하며 화나는 일이 있으면 몇 번이고 곱씹어 말합니다.

– 때로 깜짝 놀랄 만큼 거칠거나 거슬리는 말을 합니다.

– 사람들에게 늘 친절하게 대하지는 않습니다.

– 때때로 나나 다른 사람에게 분노를 폭발합니다.

3유형이 말하는 9유형 (평화적인 사람)

내가 9유형을 좋아하는 이유

– 나를 근본적으로 이해합니다.

– 느긋하고 편안해서 같이 있으면 일을 잠시 놓고 있어도 불안하지 않습니다.

– 내 말을 경청해 주고 나를 지지해 줍니다.

– 내가 좋아하는 일들을 함께 해 줍니다.

– 함부로 판단하지 않습니다.

– 나의 의욕과 생산성을 높이 평가합니다.

내가 9유형을 힘들어하는 이유

- 일을 빨리 처리하는 나의 속도를 맞추지 못합니다.
- 해야 할 일을 자주 미루는 편입니다.
- 영화와 음식을 선택하는 일상의 문제에도 자기가 원하는 것을 알려주지 않습니다.
- 자기가 원하는 것이 진짜 원하는 것인지 끊임없이 의문을 갖습니다.

3유형은 꿈도 꾸지 못할 일

- 한 번에 세 개씩 뛰어 올라갈 수 있는 계단을 명상을 하면서 천천히 걸어서 올라가기
- 경쟁자가 초대 받지 못한 유명 인사 모임에 초대 받았을 때 우쭐대지 않고 가만히 있기
- 자신이 일류대 출신임을 절대 밝히지 않고 그냥 있기

- 점점 나이를 먹는 것은 신나는 일이라고 생각하기
- 동창회에 몸단장하지 않고 그냥 나가기
- 애인이 과거에 사귄 사람을 만났을 때 그 사람과 자신의 외모를 비교하지 않기
- 한 명만 소감을 발표하는 시상식에서 공동 수상자에게 소감을 말하는 기회를 양보하기
- 5년 동안 사귄 사람과 헤어졌을 때 15분 이상 울고 앉아 있기

3유형과 잘 지내려면

- 그의 성공과 성취를 인정하십시오.
- 노력과 근면이 그가 헌신하는 중요한 방식임을 이해하고 그것의 가치를 높이 평가하십시오.
- 일이 잘 진행되지 않으면 쉽게 언짢을 수 있음을 이해하고 바쁠 때는 그 일을 하게 놔두고 당신은 자신의 일에 마음을 쏟으십시오.

- 정직하고 객관적으로 조언하면서 감정이 상하지 않도록 특별히 신경 쓰십시오.
- 사람들이 자기를 피상적이라고 여기기 쉽다는 점을 알려 주십시오.
- 과거 잘못을 들추거나 부정적인 일에 관심을 두지 말고, 관계에 대해 지나치게 많이 이야기하지 마십시오.
- 3유형은 생산적 활동을 통해 관계 맺는 것에 능숙하므로 공동 목표를 위해 함께 일하십시오.
- 그의 자신감과 낙관적인 태도, 효율적인 일 처리 능력, 넘치는 열정을 칭찬하십시오.

3유형을 도우려면

- 자기 일에 적극적인 것만큼이나 개인의 삶에서도 원하는 것을 찾고 실천하도록 격려하십시오.
- 좋은 인간관계를 발전시켜 나가도록 지지하십시오.
- 급한 마음을 내려놓고 느긋하고 여유 있는 마음을 갖도록 격려하십시오.
- 그가 믿고 있는 명분을 위해 일하도록 격려하십시오.
- 내면의 삶을 풍요롭게 가꾸도록 도와주십시오.
- 그가 어떻게 느끼는지에 관심을 두십시오.

다니엘은 자기 두려움과 의심, 간절한 바람을 드러내 보여도 괜찮다는 것을 배우는 중입니다.

당신이 떠난 후로 줄곧 슬픔에 빠져 있었습니다.
하지만 당신이 곁에 있었을 때도 그다지 행복하지 않았던 것 같네요.
—무명씨

낭만적인 사람

4유형은 자신의 느낌을 이해하려고 하며, 찾지 못하거나 잃어버린 것, 인생의 의미를 찾고 싶은 욕구에 따라 행동합니다. 일상적이거나 평범한 것을 벗어나려고 하고 상상력이 풍부하며 예술적인 감성을 지녔다는 점에서 낭만적입니다.

2, 3, 4 유형은 가슴 중심 유형입니다. 4유형은 자신의 느낌을 표현하기 원하고 특별한 사람으로 보이고 싶어 하며, 항상 현실과 이상을 비교하기 때문에 자신이나 자기가 가진 것의 부족한 점을 찾으려고 합니다.

4유형이 긍정적인 모습을 보일 때는

독립적입니다
통찰력이 있습니다
표현력이 탁월합니다
창의적입니다
따뜻합니다
남을 잘 지지합니다
품위가 있습니다
연민이 많습니다
부드럽습니다
재치 있습니다

4유형이 부정적인 모습을 보일 때는

신경질적입니다
위축됩니다
자신에게만 몰입합니다
질투가 많습니다
정서적인 돌봄이 필요합니다
쉽게 상처받습니다
고상한 척 합니다
우울합니다
비판적입니다
자기 마음대로 합니다

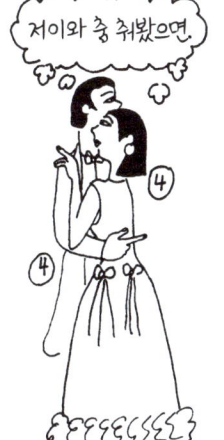

만날 수 없는 사람

멀리 떨어져 있는 사람

유형 찾기

자신을 잘 표현하고 있다고 생각되는 문항에 표시하십시오.

☐ 1 사람들은 내가 창의적이고 따뜻하며 깊은 감정의 소유자라는 점에서 매력을 느낍니다.
☐ 2 인생의 즐거운 면보다 슬프고 비극적인 면에 주목합니다.
☐ 3 온전히 이해받지 못하고 있다고 느낄 때 특히 고통스럽습니다.
☐ 4 완벽한 영혼의 동반자가 나타나기를 늘 기다리고 있습니다.
☐ 5 쉽게 만나기 어려운 사람이나 가까이 하기 힘든 사람, 잘 어울리지 않는 사람에게도 곧잘 매력을 느낍니다.
☐ 6 어려움에 처한 사람을 보면 연민을 느끼고 잘 지원해줍니다.
☐ 7 삶이 너무 지루하고 판에 박힌 것 같다고 느낄 때가 있습니다.
☐ 8 다른 사람이 느끼는 고통에 쉽게 빠져 듭니다.
☐ 9 때때로 내가 불쌍해 보이고 내게 없는 것을 가진 사람이 부럽기도 합니다. 그런 생각을 하면 곧 우울해집니다.
☐ 10 강렬하면서도 평범하지 않은 것에 관심이 많습니다.
☐ 11 꿈도 많고 이상도 높지만 이를 실현하기는 쉽지 않습니다.
☐ 12 사물을 깊이 느끼고 행복한 사람을 보면 정말 그것이 그의 본모습일까 의심합니다.
☐ 13 상상력이 풍부하며 사물을 새로운 방식으로 바라보는 것을 좋아합니다.
☐ 14 패션 감각이 뛰어나며 남과는 약간 다르게 보이는 것이 좋습니다.
☐ 15 자의식이 강한 편입니다.
☐ 16 스스로 내면 깊은 곳에 결점이 있다고 생각합니다.
☐ 17 진정으로 사랑받고 있다는 느낌을 받은 관계는 거의 없습니다.
☐ 18 떠난 연인에게 매력을 더 느끼는 경향이 있습니다.
☐ 19 감정을 드러내면 사람들이 도망갈까 두려워 드러내지 않으려고 합니다.
☐ 20 버림받았다는 느낌을 받을 때가 있습니다.

당신의 하위 유형(Subtype)은 무엇입니까?

당신은 하위 유형 한 가지, 두 가지 혹은 세 가지 전부와 관련되어 있습니다.

각각의 하위 유형은 자신의 본능을 따르는 삶의 모습을 나타냅니다. 각 유형에는 세 가지의 본능이 있습니다. 자신의 편안한 삶을 중요하게 생각하는 '자기 보존 본능', 자신이 속한 공동체를 중요시하는 '사회적 본능', 자신이 맺고 있는 일대일 관계를 중요하게 여기는 '일대일 본능'이 있습니다. 이러한 본능은 생활 속에서 무의식적으로 드러나곤 합니다. 대부분은 한두 가지 본능을 지나치게 사용합니다. 본능이 한쪽으로 치우치면 건강하게 성장하기 어렵습니다.

    4유형의 특별해지고자 하는 욕구와 상실감은 하위 유형에 따라 다음과 같이 나타납니다. 4유형이 성숙하면 현실에서 사는 법을 배우고 자신이 진실로 사랑받을 만한 존재임을 느끼게 됩니다.

4유형의 자기 보존 본능 : 대담함

- 강렬한 자극을 통해 따분하고 의미 없는 평범한 삶에서 벗어나 살아있는 느낌을 원합니다.
- 탄생, 죽음, 재난, 심각한 질병 같은 것에 마음이 쓰입니다.
- 육체적인 위험을 무릅쓰고 규정을 어기거나 투자 위험을 감수하거나 부적절한 관계를 맺는 식으로 위험한 상황에 스스로 뛰어들기도 합니다.
- 자신이나 다른 사람이 위기에 처했을 때 결단력 있고 끈기 있게 극복합니다.
- 누군가 자신의 이상을 공격하거나 어떤 지시를 하며 자신을 바꾸려고 할 때 격렬히 반항하며 냉소적인 말을 던지거나 분노를 표현합니다.
- 자신이 하고 있는 창의적인 일이나 명분을 매우 중요하게 생각합니다.
- 주변 일에는 관심이 없으며 목표를 추구하는 동안에는 꼭 필요한 일상도 무시합니다.

- 사람들이 미처 생각하지 못한 면을 지적하는 것을 좋아합니다.
- 자신의 생각과 느낌을 다 알고 있는 것처럼 말하는 사람을 만나면 순간 방어적이 됩니다.

4유형의 사회적 본능 : 수치심

> 인간의 영혼 안에는 활활 타오르는 화로가 있습니다.
> 그러나 그 곁에 앉아 본 사람은 아무도 없습니다.
> —빈센트 반 고흐(Vincent van Gogh)

여기서 수치심이란 당혹감, 굴욕감, 자신감 부족 등을 의미합니다.

- 똑똑하지 않거나 창의적이지 않다든지, 인류에 기여하지 않았거나 보다 풍성한 관계를 만들지 못했다는 식으로 자신의 이상에 이르지 못했음을 부끄럽게 여깁니다.
- 실수하거나 무례를 저지를 때마다 자신을 용납할 수 없습니다.
- 사람들과 잘 어울리지 못하는 느낌을 종종 받고 사람들과 만나면 자기 매력과 자신감을 드러내려 하거나 아니면 아예 숨어 버립니다.
- 늘 자신을 분석하며 스스로 질문합니다. "내 의사를 제대로 전달했나?" "너무 바보같이 이야기했나?" "지나치게 공격적이었던 건 아닌가?"
- 높은 지위에 올라서 자신을 깎아내리거나 비웃은 사람들에게 복수하는 꿈을 꿉니다.
- 수치스럽거나 무시당하는 일에 예민합니다. 친구들이 모두 초대받은 모임에 자신만 초대받지 못하면 절망감에서 헤어나오지 못합니다.

- 때때로 질투심을 감추기 위해 생각과 다르게 말하곤 합니다.
- 특정 분야의 권위자임을 보여주거나, 강한 인상을 주는 옷차림으로 모임에서 확고한 위치를 잡으면 사람들에 대한 어색함이 사라집니다.

4유형의 일대일 본능 : 경쟁심과 질투

- 자기보다 더 행복하고 재미있게 살면서 자신의 삶에 만족하는 사람을 보면 질투를 느낍니다. 자기와 비슷한 상황에 있는 사람이 그렇게 산다면 질투가 더 심해집니다.
- 관계에 문제가 생기면 화가 나기보다는 우울해집니다.
- 배우자가 자신과의 관계에서 독특하고 강렬한 느낌을 경험하기 원합니다.
- 얻기 힘든 저 멀리 있는 것을 동경합니다.
- 평범한 일상에서 자신을 구출해 줄 영혼의 동반자를 기다리고 있습니다.
- 자신이 원하는 정도의 거리감을 유지하며 관계의 주도권을 잡고 있다고 느끼기 위해 상대와 밀고 당기는 과정을 반복하며 스스로 극적인 상황과 고통에 빠져듭니다.
- 자기가 연인이 원하는 모습이 아니라는 것이 드러날까 봐 연인과 친밀해지는 것이 두렵습니다.
- 가끔 자신은 진정으로 사랑 받을 만한 특별한 존재가 아니라고 생각합니다.

날개

날개는 당신의 유형 양 옆에 있는 유형입니다. 3유형 날개는 4유형을 보다 활발하게 만들고, 5유형 날개는 4유형을 보다 사색적이고 지적인 사람으로 만듭니다.

3유형 날개가 발달한 4유형은 열정이 넘치며 활동적이고 사교적입니다. 경쟁적이고 야망이 있으며 사람들의 관심을 끌기 원하는 특권 의식이 있습니다.

5유형 날개가 발달한 4유형은 객관적이고 차분하며 관습에 얽매이지 않고 독창적입니다. 사람들과 잘 어울리지 못하고 비관적이며 분석적이고 내성적이며 자신을 잘 드러내지 않습니다.

사람들은 외부 세계를 대할 때 자신의 실제 유형보다는 날개 중에 한 유형의 성격을 나타내기도 합니다.

화살

당신의 성격은 당신의 유형과 연결된 두 개의 유형에도 영향을 받습니다. 4유형의 화살은 1유형과 2유형입니다.

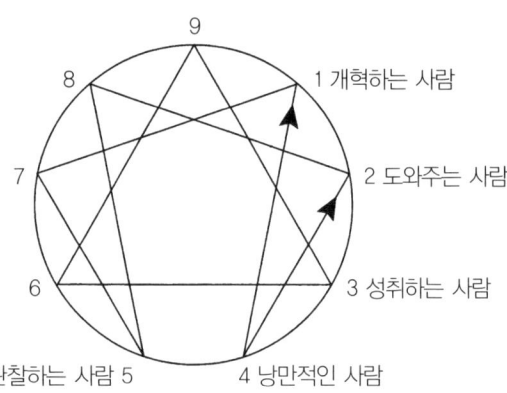

날개와 화살이 미치는 영향

날개와 화살은 자기 유형과 밀접한 관련이 있어 자신도 모르는 사이에 성격에 영향을 미칩니다. 평화로운 상태에서는 날개와 화살의 긍정적인 면이 나타나고, 스트레스 상황에서는 부정적인 면이 드러납니다. 스스로 성장하고 싶다면 의도적으로 화살의 긍정적인 면은 받아들이고 부정적인 면을 피하려고 노력해야 합니다. 자기 날개 유형과 화살 유형

에 대해 자세히 알고 싶으면 3, 5, 1, 2유형에 대해 읽어보십시오.

3유형 날개가 발달한 4유형과 5유형 날개가 발달한 4유형의 성격은 확연히 다릅니다. 3유형 날개가 발달하면 외향적이고 사교적이며 명랑하고 이미지를 중요하게 생각하며 아마도 화려할 것입니다. 3유형 날개를 통해서 열정과 생산성을 개발할 수 있지만 남에게 강한 인상을 주려는 충동은 피하고 창의성에 초점을 맞추려고 노력하십시오. 5유형 날개가 발달하면 가슴 중심의 특성과 함께 머리 중심의 특성도 갖고 있습니다. 5유형은 내향적이기 때문에 진지하고 지적이며 자기 생각이나 마음을 잘 표현하지 않으려고 합니다. 자신이 지나치게 감정적이라는 생각이 들면 객관성을 지닌 5유형 날개를 통해 자신을 조절하면서 부정적이고 숨어 지내려는 성향은 피하는 것이 좋습니다.

1유형 화살을 개발하면 체계적이고 객관적이며 이상 실현을 위해 실제로 행동하는 자질을 키울 수 있습니다. 1유형 화살은 자신에게만 몰입하거나 감정에 좌우되는 성향을 바꾸는 데 도움이 됩니다. 자신을 지나치게 비판하거나 죄책감에 시달리는 성향은 피하십시오. 2유형 화살을 개발하면 자신에게만 몰입하지 않고 보다 넓은 마음으로 사람들을 받아들일 수 있습니다. 2유형 화살은 사람들을 섬기고자 하는 4유형의 이상을 실천하는 데 도움이 됩니다. 지나치게 관계에 의존하거나 상대를 조종하려는 성향은 조심하십시오. 2유형 화살에 너무 많이 의존하면 남에게 자기 가치를 인정받고 배우자의 환심을 사는데 지나치게 집중하다가 더 큰 마음의 병을 얻을 수도 있습니다.

건강한 4유형은 부드럽고 친절합니다. 사람들은 4유형의 따뜻함과 열정, 재치, 삶에 있는 아름다움을 발견하는 능력에 매력을 느낍니다.

4유형의 관계

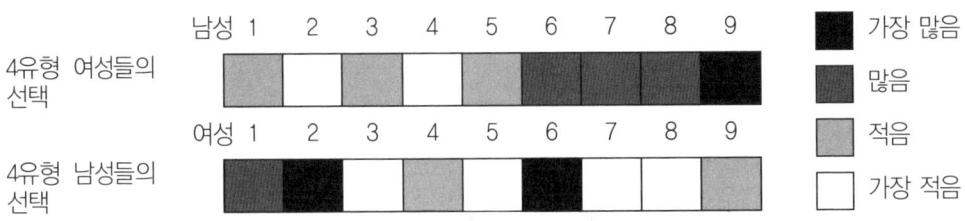

4유형이 말하는 1유형 (개혁하는 사람)

내가 1유형을 좋아하는 이유

- 자신이 한 말과 약속을 잘 지킵니다.
- 서로의 높은 이상을 존중해 줍니다.
- 보다 현실적인 시각을 갖게 해 주고, 삶의 사소한 문제를 체계적이고 효율적으로 처리하도록 도와줍니다.
- 스스로 발전하기를 원하기 때문에 내가 가고 싶은 문화 공연에 기꺼이 동행합니다.
- 7유형 화살이 발달한 1유형은 유머 감각이 뛰어나고 재미있습니다.

내가 1유형을 힘들어하는 이유

- 비판적이어서 함께 있으면 자신감이 없어지고 부끄러워집니다.
- 자신이 옳다고 생각하며 자기 방식을 강요합니다.
- 자기감정 표현에 서툴면서도 나의 감정은 판단하려고 합니다.
- 사물을 흑백 논리로 규정합니다.

4유형이 말하는 2유형 (도와주는 사람)
내가 2유형을 좋아하는 이유
- 나와 많은 시간을 함께 보냅니다. 내 고민을 잘 들어주고 내 기분을 이해해 줍니다.
- 나의 창의성과 안목을 칭찬해 줍니다.
- 특유의 열정과 밝음 덕분에 살아있다는 느낌을 받습니다.
- 내가 진정으로 사랑받고 있다는 느낌을 갖게 해 줍니다.

내가 2유형을 힘들어하는 이유
- 지나치게 긍정적이고 친절하며 웃음이 헤픈 경향이 있습니다.
- 내가 감정을 처리하는 데만 얽매여 있다고 불평합니다.
- 내 성격이나 내가 느끼는 우울한 감정을 자기 멋대로 판단합니다.
- 그냥 이해해 주었으면 하는 순간에도 충고하려 합니다.

4유형이 말하는 3유형 (성취하는 사람)
내가 3유형을 좋아하는 이유
- 매력적입니다.
- 보살핌을 받는다는 느낌을 줍니다.
- 자신이 무엇을 원하는지 잘 알고 있습니다.
- 일을 잘 해내도록 격려해 주고 나의 창의적인 활동에 함께 합니다.
- 긍정적이고 열정적인 성격으로 나의 우울한 마음을 위로해 줍니다.
- 건강한 3유형은 세상을 이롭게 하는 일에 참여합니다.

내가 3유형을 힘들어하는 이유

- 삶의 어두운 면에 대해서는 보려고 하지 않습니다.
- 나를 판단하고 있는 것 같은데 직접 표현하지는 않습니다.
- 좋은 인상을 남기기 위해서라면 자기 결점을 숨기거나 부인하는 등 무슨 일이라도 합니다.
- 나의 고통이나 우울감에 대해 임시방편의 해결책을 제시하려고 합니다.
- 관습에 얽매여 있고 일에 지나치게 치중하는 면이 있습니다.
- 너무 바빠서 나와 함께 하겠다고 약속한 일을 하지 않을 때가 많습니다.

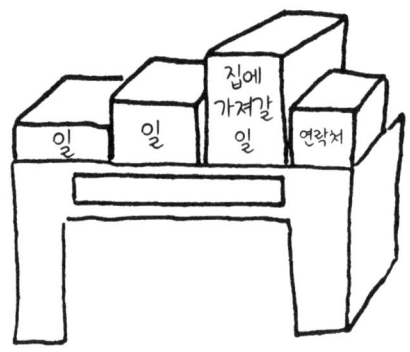

4유형이 말하는 4유형 (낭만적인 사람)

내가 4유형을 좋아하는 이유

- 깊이 있는 감정과 아름다운 것에 대한 흥미를 공유할 수 있습니다.
- 서로 우울하거나 깊이 가라앉을 때 공감할 수 있습니다.
- 서로의 관계에 진심으로 열중합니다.
- 대부분 관심 없는 창의적인 작업과 직관적인 주제로 즐겁게 토론할 수 있습니다.

내가 4유형을 힘들어하는 이유

− 4유형도 서로 많이 다릅니다. 조용하고 내향적인 4유형은 나서기 좋아하고 과장된 몸짓을 하는 4유형에게 거부감을 느낄 수 있습니다.
− 두 사람 모두 우울해지면 일상적인 일을 제때에 제대로 처리하지 못합니다.
− 상대를 비난하고 탓할 수 있습니다.
− 1유형 화살이 발달한 4유형은 배우자가 기대에 못 미치면 심하게 화를 내고 비난합니다.

4유형이 말하는 5유형 (관찰하는 사람)

내가 5유형을 좋아하는 이유

− 차분하게 말하고 점잖으며 자신을 잘 보살핍니다.
− 관계를 안정적으로 만드는 능력이 있습니다.
− 사려 깊고 탐구심이 많으며 의미 있는 통찰을 제공합니다.
− 아이디어나 예술, 음악, 자연, 여행 등 여러 분야에서 흥밋거리가 같습니다.
− 나처럼 관습에 얽매이지 않습니다.
− 내가 갖고 싶어 하는 객관적 사고 능력을 갖고 있습니다.

내가 5유형을 힘들어하는 이유

− 내게 거리를 두어 가끔 버려진 느낌을 받습니다.
− 정말 나와 관계를 맺기 원하는지 분명하지 않습니다.
− 때때로 외모에 지나치게 무심합니다.
− 가끔 냉정하다고 느끼는데, 정작 그는 내가 지나치게 감정적이라고 말합니다.

4유형이 말하는 6유형 (충성하는 사람)

내가 6유형을 좋아하는 이유

- 나를 이해하려고 노력함으로써 나에 대한 사랑을 표현합니다.
- 날카로운 지성과 재치 있는 유머감각이 일품입니다.
- 나처럼 반항적입니다. 베일에 싸인 것도 같고, 전기가 통하는 짜릿한 느낌도 줍니다.
- 나처럼 버림받거나 오해받는 것이 두렵기 때문에, 내가 안심하도록 도와줍니다.

내가 6유형을 힘들어하는 이유

- 때때로 내 말에 반기를 들고 나서서 심하게 말다툼을 하곤 합니다.
- 걱정이 많고 초조하며 의사결정을 너무 힘들어해서 나까지 불안하게 합니다.
- 다소 야비한 면이 있고 의심이 많으며 비난을 잘 하고 냉소적입니다.
- 내 능력을 의심하는 질문을 해서 자신감을 떨어뜨립니다.

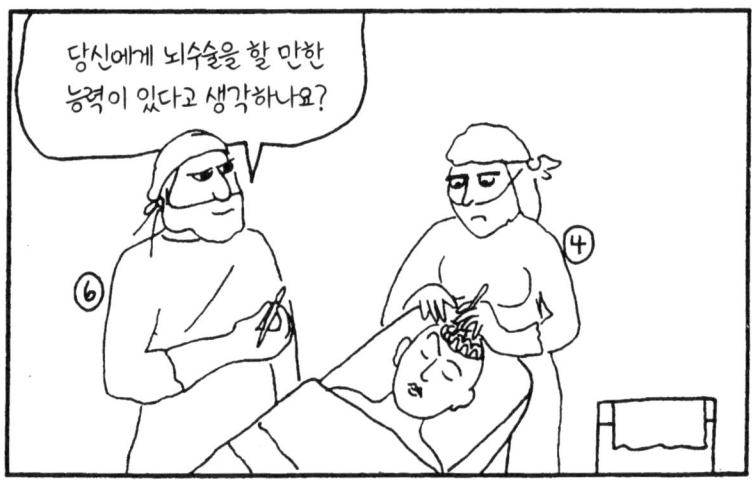

4유형이 말하는 7유형 (모험적인 사람)
내가 7유형을 좋아하는 이유
- 빠르고 재미있으며 호기심이 많습니다.
- 함께 놀 수 있는 독특한 일들을 잘 생각합니다.
- 내가 갈망하는 강렬한 열정을 얻을 수 있습니다.
- 나처럼 권위에 대항하는 경향이 있습니다.

내가 7유형을 힘들어하는 이유
- 처음에는 미사여구로 자신을 포장하지만, 시간이 지나면 감정의 깊이가 없는 것이 드러나 실망합니다.
- 나의 독특하고 흥미로운 깊은 감정에 매력을 느끼다가, 시간이 지나면 내가 어둡다고 불평합니다.
- 내가 심각해지거나 우울해 하면 농담을 하다가 아예 방에서 나가 버립니다.
- 부정적인 것을 싫어하기 때문에 나는 감정을 숨길 수밖에 없습니다.

4유형이 말하는 8유형 (주장하는 사람)
내가 8유형을 좋아하는 이유
- 자신과의 관계에 열중하는 나의 능력을 높이 평가합니다.
- 활력 넘치는 힘이 나의 우울한 감정을 한 번에 날려 버립니다.
- 내가 우울하거나 감성적이 될 때에도 흔들리지 않습니다.
- 나의 창의적인 작품을 세상에 선보이도록 격려합니다.
- 모든 면에서 대단해 보이고 꾸밈이 없으며 직선적입니다.

내가 8유형을 힘들어하는 이유

- 세련된 예의가 없습니다.
- 나를 못 살게 하거나 내게 심한 말을 할 때가 있습니다.
- 요구 사항이 너무 많고 내 의사와 관계없이 일을 추진합니다.
- 나만의 세계에 머무르는 것에 대해 심한 거부감을 보입니다.

4유형이 말하는 9유형 (평화적인 사람)

내가 9유형을 좋아하는 이유

- 사람을 판단하지 않습니다.
- 부드럽게 대합니다.
- 내가 하는 일을 같이 하기를 좋아하고 나와 친밀하게 교제합니다.
- 나를 바꾸거나 위협하지 않습니다.
- 나를 완전히 이해하지는 못하지만, 나의 표현을 받아들이려고 노력합니다.

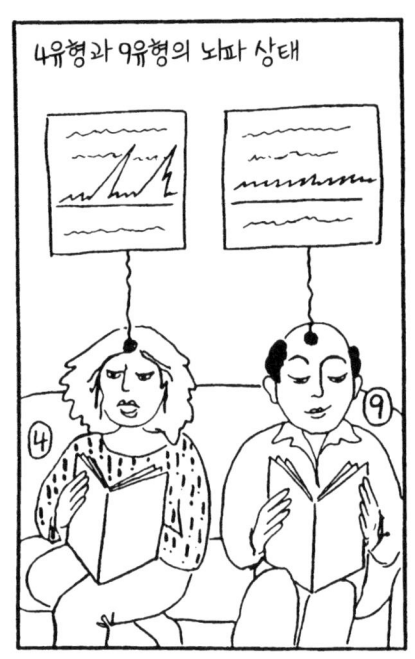

내가 9유형을 힘들어하는 이유

- 갈등을 회피하기 위해 할 말도 제대로 못합니다.
- 나의 도전 정신을 자극하지 않습니다.
- 자신의 감정과 소망을 비롯한 여러 가지 정보를 모호하게 전달합니다.
- 자기 습관과 일상에 푹 빠져서 내가 소외감을 느끼게 합니다.

4유형은 꿈도 꾸지 못할 일

- 20쪽에 달하는 일기 내용을 배우자에게 2분 만에 설명하기
- 가구 배치와 장식이 맘에 안 들어도 그대로 내버려 두기
- 우연히 나에 대한 험담을 듣고도 자신을 비하하지 않고 웃어넘기기
- 존경하는 비평가가 내 작품을 혹평해도 우울해하지 않기
- 이상형과의 데이트에 어떤 옷을 입을지 고민하지 않기
- 이미 끝난 관계에 대해서 30분 정도 생각하고 충분하다고 여기기
- 어린 시절 행복했던 순간에 대해서만 반복해서 이야기하기
- 자신의 일상적인 직업에 만족하고 자부심을 갖기

4유형과 잘 지내려면

- 그가 지닌 창의성과 감수성, 감정의 깊이를 높이 평가하십시오.
- 내성적인 4유형에게는 사교적인 사람이 되라고 강요하지 마십시오.
- 그의 감정이나 기분의 변화를 알아차리고, 이에 대한 당신의 느낌을 솔직히 말하십시오.
- 그가 불쾌함을 느낄 때는 오해는 없었는지 자세히 살피도록 도와주십시오.
- 그를 사랑하고 있음을 자주 표현하십시오.

- 비판 때문에 수치심을 느낄 수 있음을 유념하십시오.
- 기분이나 쉽게 상처받는 마음에 흔들리는 것은 모두에게 유익하지 않음을 알려주십시오.
- 지나치게 예민하거나 우울하거나 비현실적으로 보일 때는, 그를 배려하면서 당신의 느낌을 솔직히 말하십시오.
- 힘들어할 때 손쉬운 해결책을 주려고 하지 마십시오.
- 진정으로 원할 때만 기운을 북돋아 주십시오.
- 자신의 느낌을 경험하고 표현하고 싶은 욕구를 이해하십시오.

고요함 가운데 과거의 슬픔을 되새겨보는 일에는 어떤 기쁨이 깃들어 있습니다.
— 키케로(Cicero)

4유형을 도우려면

- 격한 감정과 분노를 표현해도 괜찮다고 이야기하십시오.
- 그가 밀고 당기는 게임을 할 때 흔들리지 말고 이로 인한 당신의 기분을 솔직하게 말하십시오. 필요하다면 적절한 코칭을 받도록 도와주십시오.
- 그의 독립성과 자율적인 욕구를 이해하십시오.
- 지금 여기에서 기쁨을 찾도록 격려하고, 글쓰기나 음악, 춤 등을 통해 창의성을 세상에 선보이도록 도와주십시오.
- 연민의 감정을 통해 의미 있는 일을 하도록 도우십시오.

인간이 왜 몸을 갖게 되었는지 잘 모르겠습니다.
내 생각으로는 몸은 머리의 부속품입니다.
- 폴 보울즈(Paul Bowles)

관찰하는 사람

5유형은 무엇이든 알려고 하고, 이해하려고 합니다. 자급자족하려는 욕구와 감정에 몰입하거나 침해받는 것을 회피하는 욕구에 의해 행동합니다.

5, 6, 7유형은 머리 중심 유형이며, 이들의 화두는 두려움입니다. 5유형은 두려움이 많고 사람들의 존재에 지나치게 예민합니다. 정보를 모으고 혼자서 자기 관심사를 추구하는 것을 좋아합니다.

5유형이 긍정적인 모습을 보일 때는	5유형이 부정적인 모습을 보일 때는
객관적입니다	논쟁을 좋아합니다
집중을 잘 합니다	거만합니다
현명합니다	인색합니다
친절합니다	비판적입니다
열린 생각을 합니다	부정적입니다
직관력이 있습니다	관계에 거리를 둡니다
진실합니다	고집스럽습니다
차분합니다	판단하려고 합니다
호기심이 많습니다	나누지 않습니다
통찰력이 있습니다	사람들을 멀리 합니다

저와 결혼해 주시겠어요?

제 서재를 마련해 주시겠어요?

유형 찾기

자신을 잘 표현하고 있다고 생각되는 문항에 표시하십시오.

☐ 1 지나치게 감정적이거나 참견을 많이 하는 사람, 화를 잘 내거나 공격적인 사람은 좋아하지 않습니다.
☐ 2 문제가 있어도 스스로 해결할 만큼 자신을 의지하는 편입니다.
☐ 3 독서나 업무에 몰입할 때는 먹고 자고 입는 등의 일상생활도 귀찮습니다.
☐ 4 사람이 많은 곳에서는 수줍어하고 안절부절 못합니다.
☐ 5 느낌을 표현하는 것보다 생각을 표현하는 것이 더 쉽습니다.
☐ 6 혼자 있는 시간을 충분히 갖고 싶어 합니다.
☐ 7 먼저 누군가에게 다가가기보다 상대가 다가오기를 기다리는 편입니다.
☐ 8 가끔은 화를 내는 것이 충분히 옳다고 느낍니다.
☐ 9 미처 깨닫지 못하다 시간이 지나 혼자 있을 때 비로소 그 때 느낀 감정을 깨닫곤 합니다.
☐ 10 가족이나 지인과 함께 있는 경우 외에는 파티나 잡담이 흥미롭지 않습니다.
☐ 11 개인적인 질문을 받는 것을 좋아하지 않습니다.
☐ 12 누군가 내 지식의 진가를 알아주면 기분이 좋습니다.
☐ 13 사람들과 대립하는 상황에 말려들지 않으려고 노력합니다.
☐ 14 내가 말하기 전에 사람들이 내 감정이나 생각을 아는 것을 좋아하지 않습니다.
☐ 15 사람들이 내 삶을 규제하려고 하면 화가 납니다.
☐ 16 냉소적이고 따지기 좋아하는 경향이 있습니다.
☐ 17 먼저 생각하고 말하는 편이어서 생각이 완벽하게 정리되기 전에는 말을 하지 않습니다.
☐ 18 가끔 사교적이었으면 좋겠다고 생각합니다.
☐ 19 사람들이 내 생각의 속도를 따라가는 것을 어려워하곤 합니다.
☐ 20 사교모임에는 그다지 관심이 없습니다.

당신의 하위 유형(Subtype)은 무엇입니까?

당신은 하위 유형 한 가지, 두 가지 혹은 세 가지 전부와 관련되어 있습니다.

각각의 하위 유형은 자신의 본능을 따르는 삶의 모습을 나타냅니다. 각 유형에는 세 가지의 본능이 있습니다. 자신의 편안한 삶을 중요하게 생각하는 '자기 보존 본능', 자신이 속한 공동체를 중요시하는 '사회적 본능', 자신이 맺고 있는 일대일 관계를 중요하게 여기는 '일대일 본능'이 있습니다. 이러한 본능은 생활 속에서 무의식적으로 드러나곤 합니다. 대부분은 한두 가지 본능을 지나치게 사용합니다. 본능이 한쪽으로 치우치면 건강하게 성장하기 어렵습니다.

    5유형은 하위 유형에 따라 다음과 같이 자신의 불안에 대처합니다. 5유형이 성숙하면 압박감과 통제받는 느낌을 덜 느끼고 다른 사람과 보다 쉽게 소통할 수 있습니다.

5유형의 자기 보존 본능 : 내 집은 나의 성

내게 고독만큼 좋은 친구는 없었습니다.
– 헨리 데이비드 소로우(Henry David Thoreau)

- 다른 사람의 기대, 간섭, 요구, 질문, 강요, 소음에서 벗어나서 자신에게 집중할 수 있는 개인공간이 필요합니다.
- 삶을 단순하게 만들려고 노력합니다.
- 많이 소유하는 것은 불편해도 책과 정보만큼은 쉽게 접할 수 있어야 합니다.
- 무엇이든 모아두려는 성향 때문에 시간과 돈은 최대한 아끼려고 합니다.
- 남의 도움이나 조언을 구하기보다 자신에게 의존하는 편입니다.
- 남에게 돈을 빌리거나 빌려 주는 것을 싫어합니다.

- 사람들과 시간을 많이 보낼수록 쉽게 지칩니다.

9유형 중에 내향적인 사람은 자기 보존 본능을 가진 5유형과 비슷하게 보입니다.

5유형의 사회적 본능 : 인정과 지위

- 스스로 목표를 정해서 유연하고 자유롭게 일하는 것을 좋아합니다.
- 자영업이나 자유롭게 일하는 회사와 관심을 받지 않는 안전한 직책을 좋아합니다.
- 때로는 규칙이나 규율이 방해가 된다고 생각합니다.
- 보통 인정과 칭찬을 바라지 않지만 중요한 일에는 주변 사람의 칭찬을 원합니다.
- 정보를 얻고 사람을 만나기 위해 모임에 참석하지만 공동체 모임은 좋아하지 않습니다.
- 외향적인 5유형은 사람들이 자신의 이상과 업적에 관심을 가져주기를 원합니다. 내향적인 5유형은 자신이 한 일을 통해 인정받고 존경받고 싶어 하지만 상 같은 눈에 띄는 칭찬은 당황스러워합니다.
- 정보를 깊이 있게 수집하고, 자기 분야와 다른 분야의 전문가들이 무엇이라고 하는지 알고 싶어 합니다.

사회적 본능을 지닌 5유형은 다른 하위 유형에 비해 더 외향적으로 보입니다.

5유형의 일대일 본능 : 자신감

- 회사 내부정보나 동료에 대한 정보를 가까운 사람들과 비밀리에 공유하거나 친구나 연인 사이에 암호를 만들어서 사용하는 경향이 있습니다.
- 자기만 아는 정보가 있으면 힘 있는 사람이 된 것 같은 느낌으로 흥분합니다. 때로 다른 사람이 알고 싶어 하는 것을 자기만 알고 있는 경우 말해주지 않는 방식으로 응징하곤 합니다.
- 배우자가 부부 문제나 개인적인 문제에 대해 자신에게 먼저 이야기하기를 원합니다.
- 흥미로운 주제에 대해 대화하는 것을 좋아하지만 잘 모르는 사람에게 먼저 이야기를 건네는 경우는 거의 없습니다. 사고형인 5유형은 논리, 기계, 과학에 대해서 이야기 나누고 싶어 합니다. 감정형인 5유형은 문학, 예술, 심리학에 대해 이야기 나누는 것을 좋아합니다.
- 자기 영역을 존중하는 사람을 더욱 가치 있게 여깁니다.
- 냉담한 것처럼 보여도 일이 돌아가는 상황을 면밀하게 관찰하곤 합니다. 이렇게 하는 것을 주목 받거나 어색한 자리에서 어떤 역할을 하는 상황보다 훨씬 편하게 생각합니다.
- 자기 느낌을 감각적으로 표현하는 것을 중요하게 생각합니다. 머리로 하는 생각을 몸으로 느낄 수 있기 때문입니다.
- 혼자 있을 때는 자기감정을 명확하게 느끼지만, 배우자나 친구에게 감정을 표현하려고 할 때는 적절한 표현을 찾지 못합니다.

날개

날개는 당신의 유형 양 옆에 있는 유형입니다. 4유형 날개의 영향을 받으면 사람에게 보다 관심을 갖습니다. 6유형 날개의 영향을 받으면 다양한 모습을 보이지만, 과학적이고 지적인 것에 흥미가 있습니다.

　4유형 날개가 발달한 5유형은 예술적이고 상상력이 풍부하며 개인적이고 자신에게만 몰두합니다. 감정에 민감하며 사색에 젖어 있고 미적인 것에 관심이 많습니다.

　6유형 날개가 발달한 5유형은 논리적이고 분석적이며 지적이고 근면합니다. 걱정이 많고 친밀함에 대한 두려움이 있으며 사회성이 부족하고 매사에 회의적입니다.

　사람들은 외부 세계를 대할 때 자신의 실제 유형보다는 날개 중에 한 유형의 성격을 나타내기도 합니다.

화살

당신의 성격은 당신의 유형과 연결된 두 개의 유형에도 영향을 받습니다. 5유형의 화살은 7유형과 8유형입니다.

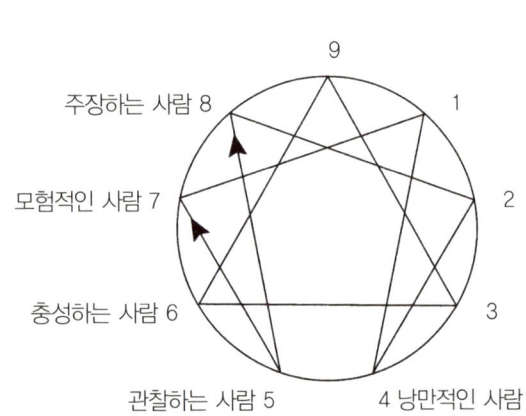

날개와 화살이 미치는 영향

날개와 화살은 자기 유형과 밀접한 관련이 있어 자신도 모르는 사이에 성격에 영향을 미칩니다. 평화로운 상태에서는 날개와 화살의 긍정적인 면이 나타나고, 스트레스 상황에서는 부정적인 면이 드러납니다. 스스로 성장하고 싶다면 의도적으로 화살의 긍정적인 면은 받아들이고 부정적인 면을 피하려고 노력해야 합니다. 자기 날개 유형과 화살 유형에 대해 자세히 알고 싶으면 4, 6, 7, 8 유형에 대해 읽어보십시오.

머리 중심 유형인 5유형은 사람들과 관계를 맺는 일에 능숙하지 못합니다. 4유형 날개를 통하면 공감과 따뜻함, 통찰력을 얻을 수 있습니다. 지나치게 자기감정에 매몰되거나 과도하게 예민한 4유형의 성향은 주의해야 합니다. 6유형 날개를 사용하면 충직하고 이상주의적인 면모를 보일 수 있고, 지적인 농담을 잘할 수 있습니다. 지나치게 논쟁적이고 친밀한 관계형성을 두려워하여 편집증적 태도를 보이는 6유형 성향은 주의하는 것이 좋습니다.

8유형 화살은 에너지와 행동의 원천입니다. 8유형 화살을 통하면 생각을 행동으로 옮기고 자기주장을 잘 할 수 있게 됩니다. 8유형 화살의 도움을 받으면 데이트 약속을 잡을 때 망설이지 않고 전화할 수 있습니다. 5유형 중에는 8유형 화살을 통해 분노를 인지하거나 진실로 자기가 무엇을 느끼는지 알게되는 것을 좋아하는 사람도 있습니다. 물론 분노를 갖는 것을 두려워하는 사람도 있습니다. 8유형 화살은 두려움 없이 자연스럽게 사는 것이 무엇인지 보여주는 좋은 본보기입니다. 남의 감정을 무시하고 가혹하게 남을 통제하는 8유형 성향은 주의하십시오.

대부분의 5유형은 강한 자의식과 내향적인 성향을 어느 정도 벗어나길 원하고 있습니다. 그런 의미에서는 7유형 화살이 좋은 본보기입니다. 7유형 화살을 발달시키면 열정적이고 재치 있으며 사랑받는 존재가 될 수 있습니다. 쉽게 산만해지고 자기가 좋아하는 일에만 너무 많은 시간을 쏟아서 때로 배우자에게 상처를 주는 7유형 성향은 주의해야 합니다.

건강한 5유형은 흥미롭고 명석하며 친절하고 통찰력이 있습니다. 사람들의 신뢰를 얻는 진실한 사람입니다.

5유형의 관계

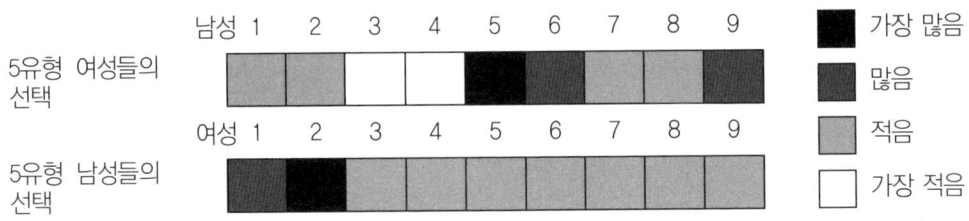

5유형이 말하는 1유형 (개혁하는 사람)

내가 1유형을 좋아하는 이유

– 독립적이고 객관적이며 자기감정을 잘 조절합니다.

– 신중하게 생각하고 꼼꼼하게 연구한 뒤 합당한 행동을 결정합니다.

– 재정문제를 비롯한 모든 문제에 조심스럽고 합리적으로 접근합니다.

– 내가 관심 없어 하는 집안일이나 소소한 일들을 처리해 줍니다.

– 한다고 한 일은 반드시 합니다.

내가 1유형을 힘들어하는 이유

– 지나치게 걱정이 많습니다.

– 완고하며 판단을 잘합니다.

– 그들은 언제까지 무엇을 하라고 지시하는데, 나는 업무명령을 받는 것이 불편합니다.

– 나는 그저 침묵하고 있을 뿐인데 그들은 내가 무언가를 판단하고 있다고 생각합니다.

– 하고 싶은 일보다는 반드시 해야 하는 일을 원합니다.

5유형이 말하는 2유형 (도와주는 사람)

내가 2유형을 좋아하는 이유

— 친절하고 너그러우며 나의 필요를 민감하게 알아차립니다.

— 나를 소중히 여기고 내가 사랑받고 있다는 느낌을 줍니다.

— 사람들과 잘 어울리기 때문에 사람들과 어울리는 곳에 갈 때 느끼는 부담을 덜어줍니다.

— 나의 재치를 높이 평가해 줍니다.

— 나의 차분함과 꾸준함을 존중해 줍니다.

— 자기감정을 잘 표현하며 나도 내 감정을 잘 표현하도록 깨달음을 줍니다.

내가 2유형을 힘들어하는 이유

— 사교적인 활동에 지나치게 치중합니다.

— 지적인 자극을 주지 못합니다.

— 지나치게 감정적이고 으스대기 때문에 당황스럽습니다.

— 끊임없이 인정받기 원합니다.

— 자신이 무엇을 원하는지 말하지 않습니다.

— 바쁠 때 계속해서 내 시간을 침범하려고 합니다.

5유형이 말하는 3유형 (성취하는 사람)

내가 3유형을 좋아하는 이유

- 자기 일에 바쁘기 때문에 내게 과도한 요구를 하지 않습니다.
- 열정이 넘치고 추진력이 뛰어납니다.
- 자기가 무엇을 원하는지 잘 아는 것처럼 보입니다.
- 자기 생각을 적절하게 표현할 줄 압니다.
- 유능하고 어떤 일이든 잘 처리합니다.

내가 3유형을 힘들어하는 이유

- 나와 달리 사회 규범이나 사람들이 보는 자기 이미지에 신경 씁니다.
- 서두르며 집 밖에서 많은 시간을 보냅니다.
- 자신의 업적을 떠들고 다니며 실제 아는 것보다 더 많이 아는 척을 합니다.
- 자기 자신을 지나치게 중요하게 생각합니다.

5유형이 말하는 4유형 (낭만적인 사람)

내가 4유형을 좋아하는 이유

- 내면세계의 감정이 풍부하고 흥미롭습니다.
- 혼자 시간을 보내는 것을 즐깁니다.
- 평범하지 않은 나의 생활 방식을 잘 받아들여 줍니다.
- 나와 함께 분석적이고 도전적인 토론을 즐길 수 있습니다.
- 미적 감각이 잘 발달되어 있습니다.
- 내 감정을 잘 표현하도록 도와줍니다.

내가 4유형을 힘들어하는 이유

- 고상한 척합니다.
- 상처를 너무 쉽게 받아서 항상 조심스럽습니다.
- 외향적인 4유형은 내가 혼자 있고 싶을 때도 관심을 보여달라고 요구합니다.
- 정체를 알 수 없는 우울감에 말려들고 싶지 않은데도, 자기감정을 처리하는 데 나를 끌어들이려고 합니다.
- 감정의 기복이 심해 혼란스럽고 지칩니다.
- 비판적이어서 그가 원하는 방식으로 친밀한 관계를 맺기 어렵습니다.

5유형이 말하는 5유형 (관찰하는 사람)

내가 5유형을 좋아하는 이유

- 요란하게 노는 것을 좋아하지 않기 때문에 함께 말없이 있어도 서로를 이해할 수 있습니다.
- 책임감이 강하고 윤리적입니다.
- 상대의 비범한 관점을 흥미롭게 여깁니다.
- 별다른 노력을 하지 않아도 상대를 이해할 수 있습니다.
- 잘 정리된 생각과 철학이 있기 때문에 재미있게 토론할 수 있습니다.
- 상대에게 혼자 있는 시간을 줍니다.

내가 5유형을 힘들어하는 이유

- 서로를 날카롭게 공격하고 무시합니다.
- 자기세계에 갇혀 있어 뭔가를 함께 하기 어렵습니다.
- 함께 있으면 서로의 조심성과 불안을 강화시킵니다.
- 때때로 상대를 제대로 지지해 주지 못합니다.
- 용납하지 못하는 자기 단점을 상대에게서 보게 됩니다.

5유형이 말하는 6유형 (충성하는 사람)

내가 6유형을 좋아하는 이유

– 따뜻하며 사람들을 잘 판단하지 않습니다.

– 나와 같은 머리 중심 유형이기 때문에 호기심이 많고 지식이 풍부합니다.

– 유머 감각이 뛰어납니다.

– 혼자 있고 싶다는 내 생각을 존중해 줍니다.

– 나의 불안을 이해합니다.

– 관계에 충실하고 믿을만해서 안정감을 줍니다.

내가 6유형을 힘들어하는 이유

– 지나친 불안증과 편집증 때문에 반복적으로 확인할 때는 짜증이 납니다.

– 나와 가까워지고 싶은지 멀어지고 싶은지 알 수가 없습니다.

– 혼자 있고 싶은 나의 욕구를 일종의 위협으로 받아들입니다.

– 지나치게 의존적이고 상대를 지배하려고 하며, 두 가지 태도가 동시에 나타나기도 합니다.

– 너무 서둘러 성급하게 판단하고 비난합니다.

5유형이 말하는 7유형 (모험적인 사람)

내가 7유형을 좋아하는 이유

- 쾌활하고 명랑해서 내가 실없이 행동해도 괜찮다는 느낌을 줍니다.
- 사고형인 7유형은 세상에 나처럼 신성한 것은 없다고 생각합니다.
- 독립적이면서도 내가 무슨 일을 하든지, 어떤 생각을 하든지 관심을 가져줍니다.
- 사람들과 자연스럽게 잘 어울립니다.
- 재미있고 새로운 활동이나 아이디어를 잘 생각해 냅니다.

내가 7유형을 힘들어하는 이유

- 특정 주제를 집중 탐구하는 것이 어렵기 때문에 일을 시작하자마자 흥미를 잃습니다.
- 집 밖에서 너무 많은 시간을 보내며 집 안에서도 지나치게 산만하고 에너지가 넘칩니다.
- 항상 활동적이고 자신이 관심받기를 원합니다.
- 내게 보다 사교적이 되라고 강요합니다.
- 믿음이 가지 않고 시간을 잘 안 지키며 예측할 수 없습니다.

5유형이 말하는 8유형 (주장하는 사람)
내가 8유형을 좋아하는 이유
- 독립적이고 자기를 의지하는 것을 가치 있게 여깁니다.
- 나와 마찬가지로 권위를 신뢰하지 않습니다.
- 약자 편에 서서 이야기하며 자기 행동이나 생각을 옹호할 줄 압니다.
- 변화를 일으키는 자기 능력을 신뢰합니다.
- 빠르고 즉시 반응하는 자질을 가지고 있습니다.
- 나를 존중하면서 정직하고 공정하게 논쟁합니다.

내가 8유형을 힘들어하는 이유
- 깃털로 할 수 있는 일도 망치로 할 만큼 지나치게 거칩니다.
- 내가 하는 모든 말에 반대하고 시도 때도 없이 말다툼을 벌입니다.
- 거친 말을 쓰거나 지나치게 큰 소리로 이야기하곤 합니다.
- 무엇이든 자기 마음대로 판단합니다.
- 나처럼 부정적일 때가 있고 멀어질 때가 있어서 관계에 상처를 받습니다.

5유형이 말하는 9유형 (평화적인 사람)
내가 9유형을 좋아하는 이유
- 다양한 분야의 지식탐구를 즐깁니다.
- 온유하고 현실적이며 순수합니다.
- 사람을 잘 판단하지 않으며 인내심이 많고 친절합니다.
- 원하지 않는 일을 하라고 강요하지 않습니다.
- 신체접촉을 좋아하고 말없는 소통의 진가를 알고 있습니다.
- 나의 분석과 조언을 고맙게 생각합니다.

내가 9유형을 힘들어하는 이유

− 핵심을 벗어난 말을 하거나 혼자 있으려고 하면 자신이 버림받았다고 느낍니다.
− 내 의견에 대해 신중하게 고민하지 않고 즉시 동의합니다.
− 화가 나면 직접적으로 표현하지 않고 수동적으로 공격합니다.
− 나와 함께 있는 시간을 소중하게 여기지 않는 경우가 있습니다.

5유형은 꿈도 꾸지 못할 일

− 한 번도 만난 적 없는 친척들을 여름휴가에 초대하기
− 파티를 진행하는 역할에 자원하기

− 하루 대부분의 시간을 백화점에서 옷 입어보는 것으로 보내기
− 자신의 공헌이 훨씬 큰 연구로 동료가 상을 받았을 때 속상하지 않기
− 학과장이 내가 좋아하는 수업을 맡기지 않겠다고 했을 때 사람들 앞에서 큰 소리로 울기
− 재미있는 바자회에서 속옷이나 플라스틱 밀폐용기 팔기
− 일주일 동안 "나는 알고 있어"라는 말을 안 하거나 생각하지 않기
− 게임할 때 다른 사람이 열등감을 느끼지 않도록 답을 알면서도 잠자코 가만있기
− 좋아하는 분야 책을 열 권 이상 읽는 것을 시간 낭비라고 생각하기

5유형과 잘 지내려면

— 그의 객관성과 지성과 재치의 진가를 알아주십시오.
— 단도직입적으로 간결하게 말하십시오.

— 당신이 그의 지혜로운 조언과 코칭을 가치 있게 여긴다는 사실을 알려 주십시오.
— 부탁도 안했는데 무언가를 해 줬다면 이를 각별히 생각하십시오. 그는 집안 정리를 통해 자기감정을 드러낼 수도 있습니다.
— 원하는 것을 절대로 강요하지 말고 있는 그대로 말하십시오.
— 자기 일이나 생각에 몰입하는 동안에는 혼자 놔두고 다른 친구를 만나거나 취미생활을 하십시오.
— 그를 당황스럽게 하거나 그에게 관심이 집중되는 상황을 만들지 마십시오.
— 그에게 깜짝 놀랄 만한 일이 생기지 않도록 집안을 조화롭게 유지하십시오.
— 그가 새로운 일을 시작하기 원하면, 그 상황에 익숙해지도록 충분한 시간을 주십시오.
— 사교적인 사람이 되라고 강요하지 마십시오.
— 문제를 해결할 때 객관적인 자세를 유지하려고 노력하십시오. 지나치게 자기감정을 내세우면 역효과가 나는 경우가 많습니다.

- 그와 관계에 문제가 생기면 제한된 시간 안에 구체적으로 문제점을 지적하고 의논하십시오.
- 흥미 있는 주제로 대화를 나누는 중간에, 침묵을 수다로 메우려고 하지 마십시오.

> 우리 고향에는 '침묵보다 나은 결과를 보장할 수 없으면 말 할 필요가 없다'는 격언이 있습니다.
> – 에드먼드 머스키(Edmund Muskie)

- 그의 느낌보다 열정적으로 행동하라고 하거나 당신이 예상한 그의 이미지대로 행동하라고 강요하지 마십시오.

나는 겁먹는 것이 싫습니다. 겁먹는 것은 나를 두렵게 만듭니다.
− Margart "Hot Lips" Houlihan, M.A.S.H. (마그렛, '뜨거운 입술' 홀리안)

충성하는 사람

6유형은 안전하고 싶은 욕구에 의해 행동합니다. 공포 순응 6유형은 두려움을 드러내고 용인 받고 싶어 하는 반면, 공포 대항 6유형은 대담하고 도전적이며 자기 두려움을 감추는 경향이 있습니다. 한 사람이 공포 순응과 공포 대항의 특성을 동시에 보이기도 합니다.

공포 순응 6유형은 보통 조심성이 많고 불평이 많으며 의존적입니다. 의식적으로나 무의식적으로나 권위 있는 사람의 보호를 받으려고 노력합니다. 반면 공포 대항 6유형은 겉으로는 공격적이고 도전적으로 보이지만 내면에 두려움을 숨기고 권위에 반항합니다. 대부분의 6유형은 공포 순응과 공포 대항의 특성을 함께 지니고 있습니다.

6유형이 긍정적인 모습을 보일 때는	6유형이 부정적인 모습을 보일 때는
충직합니다	불안해합니다
기민합니다	통제하려고 합니다
호기심이 많습니다	예측할 수가 없습니다
남을 잘 보살펴 줍니다	편집증 증세를 보입니다
연민이 있습니다	방어적입니다
재치가 있습니다	완고합니다
실질적입니다	짜증을 잘 냅니다
책임감이 강합니다	의심이 많습니다
잘 돕습니다	냉소적입니다
정직합니다	지나치게 조심스럽습니다
믿을 수 있습니다	가혹합니다

유형 찾기

자신을 잘 표현하고 있다고 생각되는 문항에 표시하십시오.

☐ 1 친구나 배우자에게 충실합니다.
☐ 2 오래 알고 지낸 사람이 아니면 신뢰하지 않는 편입니다.
☐ 3 타고난 경계심이 많습니다.
☐ 4 공동의 적에 맞서거나 공동의 명분을 위해 같이 일할 때 배우자를 친밀하게 느낍니다.
☐ 5 지적 능력에 자부심이 있습니다.
☐ 6 공포 순응형은 스트레스를 받으면 우유부단해집니다.
☐ 7 사람들은 공포 대항형이 과민한 반응을 보이고 방어적이며 남을 통제하려고 한다고 불평합니다.
☐ 8 심각한 위기 상황에서는 자신에 대한 의심이나 불안을 극복합니다.
☐ 9 아첨하려는 사람을 신뢰하지 않습니다.
☐ 10 가식적인 것을 아주 싫어합니다.
☐ 11 책임감이 강하고 열심히 일하며 양심적이고 정확합니다.
☐ 12 친구나 배우자의 충직함을 자주 시험합니다.
☐ 13 사람들은 내가 무엇이든 심각하게 받아들인다고 말합니다.
☐ 14 친밀한 관계에 갈등이 생기면 공포 순응형은 불안해하고 공포 대항형은 짜증을 잘 내고 도전적이 됩니다.
☐ 15 행동하기 전에는 꼼꼼히 검토하고 여러 번 생각하지만, 결정하면 과감하게 추진합니다.
☐ 16 새롭고 낯선 것보다 예측 가능하고 검증된 것을 좋아합니다.
☐ 17 남들이 할 일을 지시해주기를 기대하면서도, 남의 조언을 무시하고 원하는 대로 합니다.
☐ 18 때로는 최악의 결과를 상상하며 괴로워합니다.
☐ 19 위험한 상황에서는 불안해하고 보호받을 수 있는 무언가를 찾거나 위험에 직면합니다.
☐ 20 냉소적으로 빈정대는 경향이 있습니다.

당신의 하위 유형(Subtype)은 무엇입니까?

당신은 하위 유형 한 가지, 두 가지 혹은 세 가지 전부와 관련되어 있습니다.

각각의 하위 유형은 자신의 본능을 따르는 삶의 모습을 나타냅니다. 각 유형에는 세 가지의 본능이 있습니다. 자신의 편안한 삶을 중요하게 생각하는 '자기 보존 본능', 자신이 속한 공동체를 중요시하는 '사회적 본능', 자신이 맺고 있는 일대일 관계를 중요하게 여기는 '일대일 본능'이 있습니다. 이러한 본능은 생활 속에서 무의식적으로 드러나곤 합니다. 대부분은 한두 가지 본능을 지나치게 사용합니다. 본능이 한쪽으로 치우치면 건강하게 성장하기 어렵습니다.

6유형은 하위 유형에 따라 다음과 같이 공포와 불안에 대처하고 주의를 환기시킵니다. 6유형이 성숙하면 자신과 세상을 좀 더 신뢰하게 됩니다.

6유형의 자기 보존 본능 : 환심을 사려함

> 진실을 말하려면 웃게 만드십시오.
> 그렇지 않으면 당신을 죽이려 들 것입니다.
> – 빌리 월더(Billy Wilder)

자기 보존 본능의 6유형은 친절하기 때문에 따뜻한 6유형으로 불립니다.

- 충직하고 재치 있으며 책임감이 강합니다. 사람들이 자기를 좋아한다는 확신이 있어야 보호받고 있다는 느낌을 받기 때문에 사람들이 자신을 좋아하게 만들려고 노력합니다.
- 친구들을 도와줄 수 있는 적절한 기회를 얻는 것을 좋아합니다. 자신도 도움이 필요할 때 그들이 도와줄 것이라고 생각하기 때문입니다.

- 권위 있는 사람들이 자기 입지를 결정한다고 생각하기 때문에 그들이 자신을 어떻게 생각하는지 주의 깊게 살핍니다.
- 누군가에게 화가 났을 때도 어쩔 수 없이 상냥하게 대하려고 노력합니다.
- 의심과 걱정이 많으며 다른 사람이 확실히 말해주고 보호해 주기를 원합니다.
- 실수와 위험한 상황을 예방하기 위해 매사에 일어날 수 있는 모든 문제를 살펴봅니다.
- 외부의 위협으로부터 보호받는 느낌을 위해 안전한 집이 필요하다고 생각합니다.

6유형의 사회적 본능 : 의무

> 패거리로 몰려다니며 순응하지 못하는 자들에게 화 있을진제!
> 자신이 순응하지 못하는 사람이라는 사실 조차도 순응하지 못하는군요.
> – 에릭 호퍼 (Eric Hoffer)

- 생각 속에 가정, 학교, 교회의 권위에 기초한 자문위원회가 있어서, 의사결정 때마다 스스로 묻습니다.
- 가족이나 공동체 구성원에게는 충성을 다하지만 외부인들은 잘 믿지 않습니다.
- 양심적이고 규칙을 따르려고 노력하면서도 의도적으로 규칙을 어기기도 합니다. 특히 공모자가 있을 때 그런 경향이 더 나타납니다.
- 상관의 지시를 받으면 의사결정 책임에서 벗어난 것에 안도하면서도 짜증을 냅니다.
- 특정 인물에게 의존하는 것은 안전하지 않다고 생각하기 때문에 조직과 명분을 신뢰하고 지지하는 경향이 있습니다.
- 진급에 조바심 내며 성공하고 싶지만 막중한 책임을 걱정합니다. 자신이 상관에게 한 것처럼 남이 비웃거나 비판할까봐 두려워서 주목받는 지위에 올라가는 것을 꺼립니다.
- 지도자나 상관에게 환상을 가졌다가 시간이 지나면 환멸을 느끼곤 합니다.
- 자신이 생각하는 대의명분을 위해서라면 지치지 않고 일할 수 있습니다.

6유형의 일대일 본능 : 강함과 아름다움

- 열정이 넘치고 경쟁적이며 목표를 이루기 위해 열심히 일합니다.
- 자신을 (신체적, 지적으로) 강하게 하고 (성적, 심미적으로) 매력 있게 만들려고 노력합니다.
- 사람들이 자신을 잘 알고 있고 관심이 있어, 필요할 때 도울 것이라는 확신과 자신에게 스스로 방어할 능력이 있다는 확신을 모두 필요로 합니다.

중원 : 공격하거나 위협하고 질투 나게 만들면, 냉소적이고 신랄한 말로 되갚아줍니다. 그리고 만약의 상황을 대비해 스스로를 지키기 위해 늘 몸을 단련합니다.

유건 : 저는 제 지식과 논리로 사람들에게 깊은 인상을 심어주려고 노력합니다. 때로 시험해 보거나 도발하거나 버럭 화를 내어 제가 강하다는 것도 보여줍니다. 저를 이용하려는 사람들이 많지만, 제게는 저만의 두뇌와 열정과 꾸준함이 있기 때문에 불가능합니다.

지원 : 불안하거나 희생되었다는 느낌이나 무방비 상태에 있다는 느낌이 들면 사람들을 유혹하거나 도움이 필요한 것처럼 행동합니다. 강하게 나갈 수도 있지만 저를 보호하기 위해서 미모를 사용하는 것을 더 선호하지요.

희정 : 저는 갤러리를 운영하고 있습니다. 이 일을 통해 저는 강한 사람이라는 느낌을 받고 안정감을 얻습니다. 이 일은 미적 감각이 있는 제게 잘 맞습니다. 사람들은 저의 취향이나 성공을 부러워합니다. 적어도 그러기를 바랍니다. 저는 스스로를 잘 돌보고 제 일을 잘해 나가고 있지만 마음 속으로는 늘 불안하거든요.

일대일 본능을 지닌 6유형 남성은 보통 공포 대항형이며, 여러모로 8유형과 비슷합니다.

날개

날개는 당신의 유형 양 옆에 있는 유형입니다. 5유형 날개의 영향을 받으면 진지하고 학구적이며, 7유형 날개의 영향을 받으면 활달하고 사교적입니다.

　5유형 날개가 발달한 6유형은 지적이고 독창적이며 조용하고 개성이 강합니다. 부정적이고 거만하며 은둔과 논쟁을 좋아하기도 합니다.

　7유형 날개가 강한 6유형은 사교적이고 노는 것을 좋아합니다. 물질을 중시하고 과민반응을 보일 때가 많습니다. 남의 기분을 잘 맞추며 지나치게 들떠 있고 성급하게 화를 내는 경향이 있습니다.

　사람들은 외부 세계를 대할 때 자신의 실제 유형보다는 날개 중에 한 유형의 성격을 나타내기도 합니다.

화살

　당신의 성격은 당신의 유형과 연결된 두 개의 유형에도 영향을 받습니다. 6유형의 화살은 3유형과 9유형입니다.

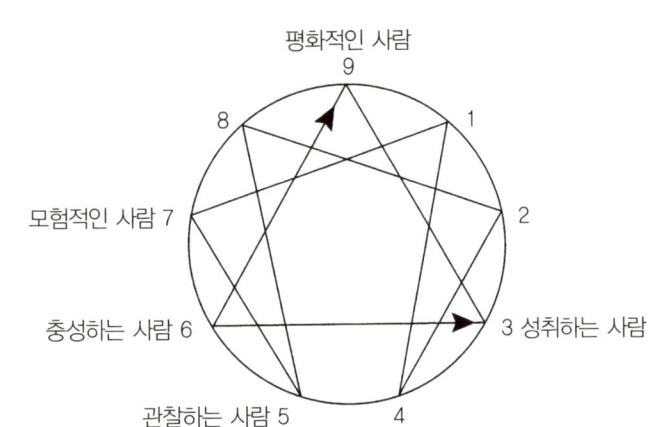

날개와 화살이 미치는 영향

날개와 화살은 자기 유형과 밀접한 관련이 있어 자신도 모르는 사이에 성격에 영향을 미칩니다. 평화로운 상태에서는 날개와 화살의 긍정적인 면이 나타나고, 스트레스 상황에서는 부정적인 면이 드러납니다. 스스로 성장하고 싶다면 의도적으로 화살의 긍정적인 면은 받아들이고 부정적인 면을 피하려고 노력해야 합니다. 자기 날개 유형과 화살 유형

에 대해 자세히 알고 싶으면 5, 7, 3, 9유형에 대해 읽어보십시오.

6유형은 머리 중심인 5유형과 7유형 중간에 있으며, 때로 생각이 지나치게 많다고 배우자에게 비판 받을 때가 있습니다. 내향성을 기르고 싶으면 5유형 날개의 통찰력과 부드럽게 이야기하는 능력을 배우십시오. 비밀스럽고 냉소적이며 의혹이 많은 5유형 성향은 주의해야 합니다. 외향적이고 싶으면 7유형 날개의 생동감

과 즉흥적인 면을 받아들이십시오. 지나치게 들뜨거나 충동적인 7유형 성향은 주의하는 것이 좋습니다.

당신이 지나치게 불안하거나 남을 통제하려고 한다면 9유형 화살을 통해 차분함을 배우십시오. 9유형 화살은 남의 동기를 의심하는 것에서 벗어나 사람들을 신뢰하고 수용하도록 돕습니다. 자기 일이나 음식, 술, 약물 등에 습관적으로 젖어드는 9유형 성향은 주의하십시오. 3유형 화살을 사용하면 안정감을 느끼고 긍정적이고 활달해집니다. 일과 놀이 모두에 열정을 갖게 되고 결정을 쉽게 내릴 수 있게 됩니다. 남에게 좋은 인상을 심으려고 노력하는 3유형 성향은 주의해야 합니다. 당신의 배우자가 매우 바쁘거나 반사회적인 성향의 사람이 아니라면 당신이 일중독에 걸리기를 바라지는 않을 것입니다.

건강한 6유형은 책임감이 강하고 재치가 있으며 연민이 있습니다. 친구나 배우자로서 따뜻하고 상대를 잘 지원해주며 충직합니다. 6유형이 좀 더 신뢰를 할 수 있게 되면 불안에서 벗어나 자유로워지고 에너지를 많이 사용할 수 있게 됩니다.

염세주의자는 두 종류의 악마 중 하나만 선택할 수 있는 상황에서
둘 모두를 선택합니다.
– 오스카 와일드(Oscar Wilde)

6유형의 관계

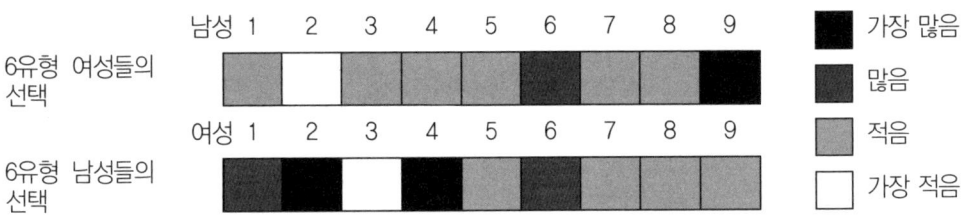

> 비관론자는 기분이 좋을 때면 기분이 나빠질 지도 모른다는 두려움에 기분이 나빠집니다.
> —무명씨

6유형이 말하는 1유형 (개혁하는 사람)

내가 1유형을 좋아하는 이유

- 나에게 충직하고 안정감을 줍니다.
- 우선순위를 바탕으로 의사결정에 도움을 줍니다.
- 누군가와 갈등을 겪고 있을 때 나를 지지해 줍니다.
- 열심이며 유능합니다.
- 원칙에 충실합니다.

내가 1유형을 힘들어하는 이유

- 사람과 일에 대한 기대치가 엄격합니다.
- 내가 기분이 상한 이유를 말하기 전에 흥분부터 해서 불안한 나를 더 힘들게 합니다.
- 지나친 조급증 때문에 내 걱정이 극에 달하게 만듭니다.
- 내가 하는 모든 일을 분석하고 비판합니다.
- 공동의 문제에 있어서도 나에게만 비난의 화살을 돌립니다.

6유형이 말하는 2유형 (도와주는 사람)

내가 2유형을 좋아하는 이유

- 나를 따뜻하게 감싸주고 안정감을 줍니다.
- 기분을 가볍게 만드는 농담을 자주 합니다.
- 내가 자기를 보호해 주는 것을 가치 있게 생각합니다.
- 나 자신을 소중하게 생각하도록 도와줍니다.
- 모든 사람을 편안하게 대합니다.
- 나를 도와주려고 애쓰며 모든 일을 제대로 처리하려고 합니다.

내가 2유형을 힘들어하는 이유

- 내 의심 때문에 자기와 대립하는 것을 싫어합니다.
- 싫어하는 사람에게도 친절한 모습을 보면 가식적으로 보입니다.
- 어느 순간 가까워진 것 같다가도 이내 멀어져서 나를 불안하게 만듭니다.
- 일을 꼼꼼히 처리하지 않는 편입니다.

6유형이 말하는 3유형 (성취하는 사람)

내가 3유형을 좋아하는 이유

- 열심히 일하고 유능하며 실제적입니다.
- 자기 목표를 향해 정진하고 나도 내 목표를 추진하도록 격려합니다.
- 자기 자신을 잘 돌볼 줄 압니다.
- 앞날을 밝게 내다봅니다.
- 내가 새로운 활동을 시도하도록 격려합니다.

내가 3유형을 힘들어하는 이유

- 나의 불안과 걱정과 의심을 너무 가볍게 취급합니다.
- 성공을 위해 열심히 일하느라 바빠서 우리 관계에 충분한 시간을 내지 못합니다.
- 좋은 인상을 심기 위해서 과장해서 말하기 때문에 정직하지 않아 보입니다.
- 불안을 회피하기 위해 항상 바쁘게 움직이고 나의 불안을 받아줄 만큼 인내심이 많지 않습니다.

6유형이 말하는 4유형 (낭만적인 사람)

내가 4유형을 좋아하는 이유

- 총명하고 통찰력이 있으며 창의적입니다.
- 높은 이상과 가치 있는 원칙이 있습니다.
- 재미있고 현명하며 상상력이 풍부합니다.
- 나처럼 권위와 겉치레를 좋아하지 않습니다.
- 깊은 감정이 나의 감정을 자극합니다.

내가 4유형을 힘들어하는 이유

- 거리감을 느끼며, 사랑하다가 순간 거절하는 등 감정적으로 혼란을 줍니다.

- 사소한 일에도 우울해 하고 쉽게 상처받습니다.
- 자기감정에 상처를 준 것에 대해 죄책감을 갖게 만듭니다.
- 극단적이고 공격적이며 비난을 많이 하고 고집이 강할 때도 있습니다.

6유형이 말하는 5유형 (관찰하는 사람)

내가 5유형을 좋아하는 이유

– 나의 문제를 긴 안목을 갖고 객관적으로 바라보도록 도와줍니다.

– 나의 두려움을 잘 이해하며 나처럼 지적인 관심이 많습니다. 서로의 날개 유형이고, 같은 머리형이라 공통점이 많습니다.

– 남을 섣불리 판단하지 않고 점잖습니다.

– 약속은 충실하게 지킵니다.

– 나의 위기 상황에서도 침착함과 태연함을 유지합니다.

내가 5유형을 힘들어하는 이유

– 문제가 있을 때 반드시 나와 상의하고 싶어 하지는 않습니다.

– 무언가 요구하면 부담스러워하며 내게서 멀어지려고 합니다.

– 때때로 시무룩합니다.

– 무슨 생각을 하는지 알 수 없을 만큼 말이 없어서 최악의 경우를 상상하게 됩니다.

– 무관심해 보여서 거리감이 느껴질 때가 많습니다.

6유형이 말하는 6유형 (충성하는 사람)

내가 6유형을 좋아하는 이유

– 함께 흥미로운 토론을 할 수 있습니다.

– 상대의 공포와 불안을 잘 이해합니다.

– 자신과 다른 관점을 꺼리지 않고 수용합니다.

– 어려운 상황을 벗어나기 위해 유머를 사용합니다.

– 안정된 관계를 중요하게 생각합니다.

– 솔직담백하고 공정하며 충직합니다.

내가 6유형을 힘들어하는 이유

– 서로의 부정적이고 의심 많은 성향을 강화합니다.

– 매번 문제가 있을 때마다 큰 재앙으로 받아들입니다.

– 거의 모든 것을 일단 의심합니다.

– 두 사람 모두 예측할 수 없기 때문에 서로를 예측하고 싶어 합니다.

– 두 사람 모두 의사결정을 어려워합니다.

6유형이 말하는 7유형 (모험적인 사람)

내가 7유형을 좋아하는 이유

- 미래를 낙관하는 성향이 의심 많은 나의 성향을 보완해 줍니다.
- 즐겁게 해주고 기분이 좋아지도록 도와줍니다.
- 새롭고 흥미로운 아이디어를 제안합니다.
- 새로운 시도를 하여 두려움에서 벗어나도록 격려해 줍니다.
- 이상주의자입니다.

내가 7유형을 힘들어하는 이유

- 두려움 같은 나의 문제에 대해서는 들으려고 하지 않습니다.
- 나를 빼고 여기저기 돌아다녀 불안하고 질투 나게 만듭니다.
- 자기 관심사만 열중하다보니 둘 만을 위한 시간을 내기 어렵습니다.
- 지나치게 낙천적이어서 상대적으로 내가 걱정이 많은 사람처럼 느껴집니다.

> 나는 반대로 생각하는 일종의 편집증이 있습니다.
> 그래서 사람들이 나를 즐겁게 해줄 때는, 오히려 음모가 아닌가 의심하게 됩니다.
> – 제. 디. 샐린거(J. D. Salinger)

6유형이 말하는 8유형 (주장하는 사람)

내가 8유형을 좋아하는 이유

- 남이 자신을 어떻게 보는지 신경 쓰지 않습니다.
- 가식적인 사람에게는 직설적인 공격을 퍼 붓습니다.
- 내 편을 들어주고 나를 보호해줍니다.
- 내가 섣부른 추측을 하거나 걱정하지 않도록 자기 입장을 명확히 말합니다.
- 과감하게 결정하고 자신 있게 일을 떠맡습니다.

내가 8유형을 힘들어하는 이유

– 섬세한 감정을 연약한 것으로 생각합니다.

– 나처럼 완고해서 논쟁할 때는 서로 물러서지 않습니다.

– 나의 초조와 우유부단함을 참지 못합니다.

– 나를 지배하려고 합니다.

6유형이 말하는 9유형 (평화적인 사람)

내가 9유형을 좋아하는 이유

– 두려운 감정을 털어 놓으면 잘 들어줍니다.

– 나를 있는 그대로 받아들여서 안정감을 느끼게 합니다.

– 보다 넓은 관점에서 상황을 보도록 격려합니다.

– 차분해서 함께 있으면 안정감을 느낍니다. 화살 유형이므로 건강한 9유형 친구나 연인은 편안합니다.

내가 9유형을 힘들어하는 이유

- 화가 나면 표현하기보다 완고해지거나 수동적인 공격성을 보입니다.
- 내가 지나치게 조심스럽다고 비난합니다.
- 내가 무슨 말을 해도 전혀 개의치 않기 때문에 혼자라고 느껴져서 불안합니다.
- 끊임없이 움직이는 것을 좋아하는 나와 달리 그다지 활동적이지 않습니다.
- 주도적이지 않아서 진심으로 원하는 것을 알 수 없습니다.

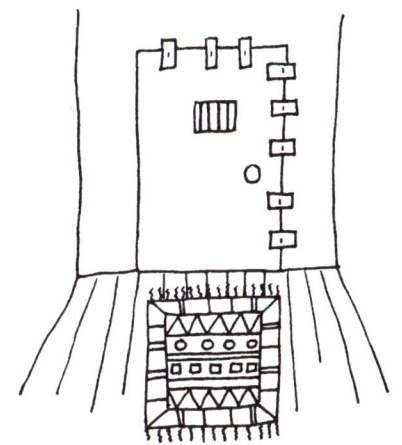

6유형은 꿈도 꾸지 못할 일

- 배우자가 놀러 갔다가 세 시간 늦게 왔을 때 긍정적으로 생각하고 차분하게 있기
- 다음 주 월요일에 시작하는 새로운 일이 잘 된다고 믿고 주말 내내 편안하게 지내기
- 말 많고 아부와 참견 잘하는 소란스러운 사람들과 보름 동안 여행하면서 꾹 참고 있기
- 자신이 '긍정적 생각의 위력'을 가르치는 강의를 완벽히 소화할 수 있는 강사라고 믿기
- 주주총회를 진행하면서 사주의 이름을 잘못 소개하고도 그냥 웃어넘기기
- 큰 불만이 있을 때 동료들의 도움을 먼저 구하지 않고 곧장 상관에게 찾아가기
- 오페라 극장 발코니 맨 앞줄에서 난간이 튼튼한지 걱정하지 않고 감상하기

6유형과 잘 지내려면

나는 그저 당신이 나의 근원적인 의심을 비롯한 모든 것을 사랑해 주기 바랍니다.
– 네트워크의 막스 슈마케(Max Schumacher)

- 그의 충직, 지성, 연민, 재치, 비상사태나 위기 상황을 극복하는 능력을 높이 평가하십시오.
- 어려운 문제로 힘들어할 때는 보다 희망적인 생각이나 일을 시도해 보라고 제안하십시오.
- 당신이 그와의 관계를 소중하게 생각하며 충실하게 임한다는 것을 확신시켜 주십시오.
- 모든 것을 다 안다고 생각할 때 안정감을 느끼므로 열린 마음으로 정직하게 대해 주십시오.
- 모든 문제를 명백하게 합의하여 의심의 여지를 남기지 마십시오.
- 아첨하거나 지나친 친절을 베풀지 말고 빙빙 돌려 말하지 마십시오.
- 갈등이 생기면 당신도 건설적인 해결책을 찾고 있다는 것을 알려 주십시오.
- 화를 낼 때는 한 발 물러서서 분노가 가라앉기를 기다리십시오. 같이 화를 내면 불 난 집에 부채질하는 것과 같습니다.
- 자신의 공포에 대해 이야기하도록 격려하십시오. 문제를 해결하려고 하지 말고 무엇이 그를 힘들게 하는지 이야기를 잘 들어주십시오.
- 그의 불안한 감정 때문에 당신까지 불안해지면 정직하게 이야기하십시오.
- 그가 누군가에게 상처를 받았을 때는 본래 의도를 물어보아 자기 관점이 아닌 객관적인 상황을 판단하도록 격려하십시오.

6유형을 도우려면

– 불안이나 스트레스가 쌓이지 않도록 야외 활동이나 운동을 하도록 격려하십시오.
– 적절한 행동을 취해야 할 시점에는 생각을 멈추고 행동하도록 용기를 주십시오.
– 결단을 내리기 위해서는 때때로 위험을 감수해야 함을 알려주십시오.

이 부부는 느긋하게 삶의 흐름을 타고 있습니다.

– 최악의 상황을 가정하기보다 최선의 상황에 초점을 맞추도록 도와주십시오.
– 자신의 결정과 우리에게 주어지는 상황을 신뢰하는 법을 배우도록 도와주십시오.

두 개의 악 중에서 하나를 선택해야 한다면,
나는 이전에 경험해 보지 않은 것을 선택할 것입니다.
– 메 웨스트(Mae West)

모험적인 사람

7유형은 행복해하고 사회에 공헌하기 원하며, 고통과 어려움을 피하고자 하는 욕구에 의해 행동합니다.

5, 6, 7유형은 머리 중심 유형이며, 각 유형은 다른 방법으로 두려움에 대처합니다. 7유형은 많은 일을 계획하고 바쁘게 움직이면서 자기 불안을 거부하거나 억누릅니다.

7유형이 긍정적인 모습을 보일 때는

열정적입니다
활력이 넘칩니다
쾌활합니다
재미를 추구합니다
자발적입니다
상상력이 풍부합니다
매력적입니다
호기심이 많습니다
밝게 생각합니다
너그럽습니다

7유형이 부정적인 모습을 보일 때는

자기중심적입니다
충동적입니다
반항적입니다
들떠 있습니다
쉬지 못합니다
고집스럽습니다
방어적입니다
산만합니다
믿음직스럽지 않습니다
자기 파괴적입니다

유형 찾기

자신을 잘 표현하고 있다고 생각되는 문항에 표시하십시오.

☐ 1 긍정적이고 활발하며 다재다능합니다.
☐ 2 새롭고 흥미로운 경험을 찾아다닙니다.
☐ 3 신나고 자극적이면서 안정적이고 믿을 수 있는 관계를 좋아합니다.
☐ 4 맛있는 음식과 재미있는 일, 모험을 즐기는 멋진 삶을 살고 싶어 합니다.
☐ 5 부정적이고 나를 의지하는 사람, 무언가 필요로 하는 사람과는 같이 지내기 어렵습니다.
☐ 6 상실감에서 빨리 벗어나는 편입니다.
☐ 7 재미있는 이야기나 농담을 하면서 사람들의 관심을 끄는 것을 좋아합니다.
☐ 8 사람들이 기분이 좋지 않을 때, 그 기분에서 벗어나도록 도와줍니다.
☐ 9 나의 자유가 줄어들까봐 걱정합니다.
☐ 10 누군가에게 책임을 느끼거나 신세지는 느낌을 받는 것이 불편합니다.
☐ 11 사고형 7유형은 사람들의 느낌을 듣는 것을 좋아하지 않습니다. 감정형 7유형은 관심은 있지만, 같은 이야기를 반복하면서 변화의 노력은 하지 않는 경우 경청하는 것이 어렵습니다.
☐ 12 친구나 지인들이 많습니다.
☐ 13 사람들은 나를 자신감 넘치는 사람으로 생각하지만 실은 부끄러움을 많이 타고 상처를 쉽게 받으며 마음이 약하다고 느끼는 경우가 많습니다.
☐ 14 사람들은 나를 친근하고 매력적인 사람으로 생각합니다.
☐ 15 내 멋대로 일을 처리할 때도 있고, 어떤 일에 지나치게 빠져들 때도 있습니다.
☐ 16 방어적이고 논쟁적이기도 합니다.
☐ 17 계획한 만큼 실제로 실행하지 못합니다.
☐ 18 실생활에서 충돌을 피하는 방법을 찾습니다.
☐ 19 예상치 못한 엉뚱한 말을 하는 것을 좋아합니다.
☐ 20 관계를 끝내고 싶을 때는 직접 부딪치거나 상대를 괴롭혀서 나를 떠나게 만듭니다.

당신의 하위 유형(Subtype)은 무엇입니까?

당신은 하위 유형 한 가지, 두 가지 혹은 세 가지 전부와 관련되어 있습니다.

각각의 하위 유형은 자신의 본능을 따르는 삶의 모습을 나타냅니다. 각 유형에는 세 가지의 본능이 있습니다. 자신의 편안한 삶을 중요하게 생각하는 '자기 보존 본능', 자신이 속한 공동체를 중요시하는 '사회적 본능', 자신이 맺고 있는 일대일 관계를 중요하게 여기는 '일대일 본능'이 있습니다. 이러한 본능은 생활 속에서 무의식적으로 드러나곤 합니다. 대부분은 한두 가지 본능을 지나치게 사용합니다. 본능이 한쪽으로 치우치면 건강하게 성장하기 어렵습니다.

    고통과 어려움을 회피하고 싶어 하는 7유형의 욕구는 하위 유형에 따라 다음과 같이 나타납니다. 7유형이 성숙하면 보다 현실적인 사람이 됩니다.

7유형의 자기 보존 본능: 가족, 그리고 생각이 맞는 친구들

자기 보존 본능을 지닌 7유형은 다른 하위 유형에 비해 가족을 중요시하는 경향이 있습니다.

— 가족 구성원과 관심사와 가치관을 공유하고 서로를 잘 도와 주는 것을 좋아합니다.
— 사람들을 즐겁고 행복하게 만드는 역할을 하곤 합니다.
— 모험을 계획하거나 추억하는 것은 모험 자체만큼 흥분되는 일이라고 생각합니다.
— 자신처럼 긍정적인 친구들을 좋아합니다.
— 즉흥적인 것을 좋아하지만, 보고 싶은 친구를 만나거나 중요한 우선순위를 위해서는 미리 계획을 세우기도 합니다.
— 모험을 할 때는 위험을 무릅쓰기보다 그것이 어느 정도 위험한지 가늠해봅니다.
— 집안이나 집 주변에서 시간을 많이 보냅니다.

7유형의 사회적 본능 : 이상주의

- 자신이 지키는 명분이나 원칙을 위해 목숨도 바칠 수 있습니다.
- 자유를 포기해야 하는 상황에서는 의도가 좋아도 바로 실행에 옮기지 못하곤 합니다.
- 모험에 대한 갈망을 뒤로 하고 가족이나 일, 명분에 대한 책임에 충실하려고 노력합니다.
- 주변 사람들에 대한 책임감 때문에 부담을 느끼는 것을 싫어합니다.
- 우애 있게 지내는 것을 좋아하지만, 통제하려고 하거나 강압적으로 대하면 질색합니다.
- 절차에 대한 언쟁으로 시간을 소모하기보다 당장 행동하기를 원합니다.
- 불평등한 관계를 싫어해서 공동체 안에 서열이 없기를 바랍니다.
- 교우관계를 폭넓게 맺고 있습니다.
- 공동체 안에서 새로운 것을 따라 하는 동조성향이 있습니다.

7유형의 일대일 본능 : 신나고 즐거움

> 악마에게 이름이 있다면 그것은 '단조로움'입니다.
> — 로버트 이. 리(Robert E. Lee)

- 도전하고 행동하는 것을 좋아합니다.
- 때때로 상대방을 몰아붙여서 상처를 줍니다.
- 특이하고 강렬하고 복잡하고 심미적인 즐거움을 좋아합니다.
- 의미 없이 누군가를 유혹하고는 당초 의도보다 깊은 관계에 말려들곤 합니다.
- 멋진 사람들과의 만남과 모험을 추구합니다.
- 관계가 지루하면 상대방을 낭만적으로 포장하며, 관계가 갑갑하면 뒤로 물러납니다.
- 현실에서 바람직한 관계를 맺지 못한다는 사실을 못마땅하게 생각합니다.
- 배우자와 함께 흥분과 모험을 즐기지 못하면 불행하다고 느낍니다.

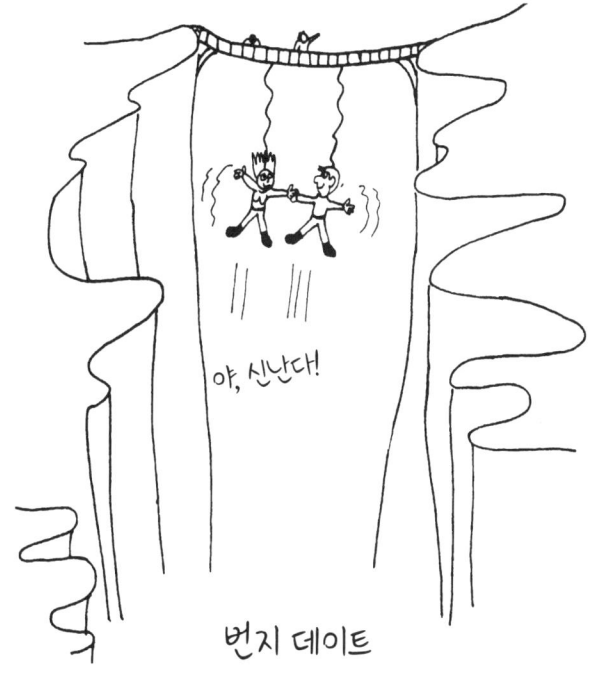

번지 데이트

날개

날개는 당신의 유형 양 옆에 있는 유형입니다. 7유형은 6유형 날개를 통해 두려움에 직면하고 앞일을 미리 대비하며 책임감을 기를 수 있습니다. 8유형 날개를 통해서는 보다 현실적이 되고 자신의 분노를 잘 알아차릴 수 있습니다.

　6유형 날개가 발달한 7유형은 예민하고 환심을 얻으려고 하며 헌신적이고 충실합니다. 불안해하고 쉽게 상처받으며 주저하기도 합니다.

　8유형 날개가 발달한 7유형은 자기주장이 강하고 참을성이 없으며 사람들과 함께 하기를 좋아합니다. 쾌락을 추구하고 거친 편이며 자기중심적이고 때로 불성실한 면도 있습니다.

　사람들은 외부 세계를 대할 때 자신의 실제 유형보다는 날개 중에 한 유형의 성격을 나타내기도 합니다.

화살

당신의 성격은 당신의 유형과 연결된 두 개의 유형에도 영향을 받습니다. 7유형의 화살은 1유형과 5유형입니다.

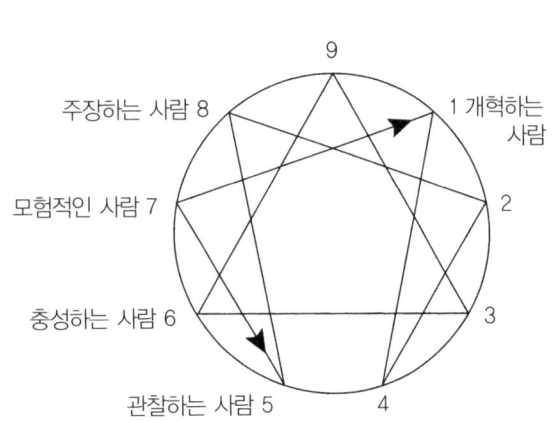

날개와 화살이 미치는 영향

날개와 화살은 자기 유형과 밀접한 관련이 있어 자신도 모르는 사이에 성격에 영향을 미칩니다. 평화로운 상태에서는 날개와 화살의 긍정적인 면이 나타나고, 스트레스 상황에서는 부정적인 면이 드러납니다. 스스로 성장하고 싶다면 의도적으로 화살의 긍정적인 면은 받아들이고 부정적인 면을 피하려고 노력해야 합니다. 자기 날개 유형과 화살 유형에 대해 자세히 알고 싶으면 6, 8, 5, 1유형에 대해 읽어보십시오.

7유형과 7유형의 날개들은 열정이 제일 많은 유형들입니다. 6유형 날개의 영향을 받으면 충성스럽고 책임감이 강해지며 따뜻한 마음을 지닐 수 있습니다. 공포 순응 6유형은 지나치게 의존적이며, 공포 대항 6유형은 과도하게 통제하려고 할 수 있습니다. 6유형은 양 극단의 성향을 오고 갈 수 있다는 것을 명심해야 합니다. 8유형 날개는 풍부한 자원이 됩니다. 8유형 날개를 통해 상대방과 대립하는 모험을 감행할 수도 있고, 경쟁적으로 자신감을 갖고 목표에 집중할 수도 있습니다. 배우자에게 명령하는 성향은 피하면 좋겠습니다.

5유형 화살을 개발하면 긍정과 부정, 행복과 불행의 양면을 받아들이는 용기를 얻을 수 있습니다. 보다 온건해지고 자기 훈련에 철저할 수 있습니다. 지나치게 자기 생각에 갇혀있고 갈등상황에서 한 발 물러서서 이론만 내세우는 5유형의 성향은 주의해야 합니다. 1유형 화살을 개발하면 보다 현명한 선택을 할 수 있고 안정적이 될 수 있습니다. 지나치게 자신을 비판하고 결점을 찾으려고 애쓰며 잘 참지 못하고 남을 쉽게 비난하는 1유형의 성향은 주의하십시오.

건강한 7유형은 함께 모험을 즐기는 생산적인 파트너가 됩니다. 관대함과 낙관주의, 쾌활함을 통해 주변 사람을 기분 좋게 만들며, 사랑하는 사람들이 잠재력을 실현하도록 지지하고 도와줍니다.

> 유혹의 길로 이끌지 마세요. 나는 혼자서도 그 길을 찾아갈 수 있답니다.
> — 리타 메 브라운(Rita Mae Brown)

7유형의 관계

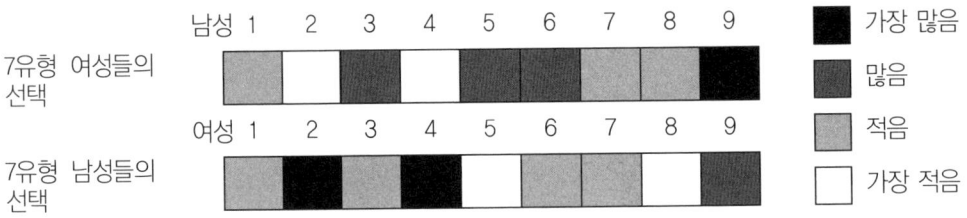

7유형이 말하는 1유형 (개혁하는 사람)

내가 1유형을 좋아하는 이유

- 바쁘고 정신없이 사는 내게 안전하고 안정적인 피신처를 제공합니다.
- 굳은 의지로 시작한 일은 끈기 있게 추진하여 잘 마무리 합니다.
- 영수증 처리나 계좌 이체 같은 내가 짜증스러워하는 잡다한 일을 기꺼이 처리해줍니다.
- 원칙에 충실하며, 명분 있는 일을 할 때는 나를 지원해 줍니다.
- 나의 긍정적이고 태평한 성격이 우리 관계에 균형을 잡아준다고 생각합니다.

내가 1유형을 힘들어하는 이유

- 비판하고 판단하며 독선적이고 죄책감을 유발합니다.
- 불완전한 세상을 자기 방식으로 더 나은 세상으로 만든다고 믿습니다.
- 4유형 화살이 발달한 1유형은 내면의 고통에 마음을 쓰며 삶을 즐기기보다 걱정하고 우울해합니다.
- 무엇을 하고 어떻게 살아야 하는지 끊임없이 말합니다.

7유형이 말하는 2유형 (도와주는 사람)

내가 2유형을 좋아하는 이유

- 모험과 기쁨을 추구하는 내 삶에 열정적으로 함께 합니다.
- 감정을 자연스럽게 표현하며 나도 내 감정을 표현하도록 도와줍니다.
- 내게 관심을 많이 가져줍니다.
- 자유롭고 싶어 하는 나의 욕구를 어느 정도는 이해합니다.
- 나의 잠재력을 인정해 주고 내가 꿈을 이루도록 도와줍니다.
- 다양한 분야에 관심이 있습니다.

내가 2유형을 힘들어하는 이유

- 자신의 이야기를 잘 들어주지 않으면 시무룩해지거나 토라집니다.
- 자기 삶에 충실하기보다 우리 관계에 집착합니다.
- 나를 구속하고 바꾸려고 하며 내게 아첨하기도 합니다.
- 자신이 원하는 것을 직접 표현하지 않습니다.
- 다른 사람의 관심을 끌기 위해 나와 경쟁합니다.

7유형이 말하는 3유형 (성취하는 사람)
내가 3유형을 좋아하는 이유
- 역동적이고 열정적이어서 나와 잘 맞습니다.
- 사람들을 좋아하며 명랑하고 모험을 즐깁니다.
- 부지런하고 독립적이며 자기 목표에 충실합니다.
- 내 일을 마음껏 할 수 있는 자유를 줍니다.
- 자신에 대해 긍정적입니다.

내가 3유형을 힘들어하는 이유
- 지나치게 일에만 몰두하기 때문에 우리 관계를 위한 시간을 내지 않습니다.
- 나처럼 긍정적인 면만 보기 때문에 중요한 문제를 놓치기도 합니다.
- 내가 준비한 특별 행사에 그가 오는 것을 장담할 수 없습니다.
- 사람들에게 어떤 영향을 미치는가를 계산하여 행동합니다.

7유형이 말하는 4유형 (낭만적인 유형)
내가 4유형을 좋아하는 이유
- 열정과 강렬한 느낌을 즐깁니다.
- 매력적인 내면을 갖고 있으며, 내면을 탐구하는 법을 가르쳐 줍니다.

- 삶이 주는 특별한 가치를 누릴 줄 압니다.
- 나보다 관습에 순응하지 않는 편입니다.
- 색다른 활동을 알려주는 것을 고마워합니다.

내가 4유형을 힘들어하는 이유
- 감정적이고 별 것 아닌 일도 부풀려 생각합니다.
- 감정 기복이 있어서 함께 즐거운 시간을 보내기 힘듭니다.
- 정서적으로 끌려 다닐 때가 많습니다.
- 5유형 날개를 주로 사용하는 4유형은 일처리 속도가 나보다 느립니다.
- 나를 자기 마음대로 통제하려고 합니다.

7유형이 말하는 5유형 (관찰하는 사람)

내가 5유형을 좋아하는 이유
- 관습을 따르지 않고 재미있으며, 다양한 분야의 지식이 있습니다.
- 내가 부러워하는 내면의 힘을 가지고 있습니다.
- 다양한 분야에 흥미가 있어서, 흥미를 추구하는 나를 이해합니다.
- 한 번에 한 가지만 집중하는 것이 무엇인지 보여주는 좋은 본보기가 됩니다.
- 나를 좌지우지하려고 하지 않습니다.

내가 5유형을 힘들어하는 이유
- 같은 일을 반복해도 행복하기 때문에 새로운 모험에 관심이 적습니다.
- 내가 지나치게 들떠 있고 정신이 없다고 비난합니다.
- 내가 친구들을 초대하고 싶을 때도 혼자 있고 싶어 합니다.
- 기분이 상하면 시무룩해져 말을 하지 않습니다.

7유형이 말하는 6유형 (충성하는 사람)

내가 6유형을 좋아하는 이유

- 나를 웃게 만듭니다.
- 호기심이 많고 명석하며 정신적으로 도전이 됩니다.
- 감정형인 6유형은 따뜻하고 이해심이 많습니다.
- 7유형 날개를 주로 사용하는 6유형은 활동적으로 노는 것을 좋아합니다.
- 관계에 충실합니다.

내가 6유형을 힘들어하는 이유

- 의사결정을 할 때 사소한 가능성까지도 다 고려하기 때문에 사람을 답답하게 합니다.
- 두려워하거나 논쟁하거나 나를 통제하려고 할 때는 뛰쳐나가고 싶을 정도입니다.
- 내가 늘 제멋대로라고 비난합니다.
- 모든 일을 부정적으로 보고 사소한 일에 흥분하며 화를 냅니다.
- 지나칠 정도로 융통성이 없고 책임과 의무에 매어 있습니다.

7유형이 말하는 7유형 (모험적인 사람)

내가 7유형을 좋아하는 이유

- 보통 사람은 따라가기 힘든 서로의 열정 수준을 맞출 수 있습니다.
- 짧게 자주 만나는 것을 좋아합니다.
- 더 나은 세상을 만드는 일에 관심과 비전이 있습니다.
- 서로 독립적입니다.
- 함께 모험을 계획하고 실행하는 것을 즐거워합니다.

> 내 이야기는 충분히 했으니 이제 네 얘기를 들어보자. 넌 나에 대해 어떻게 생각하니?
> – 무명씨

내가 7유형을 힘들어하는 이유

- 서로의 이야기를 잘 듣지 않습니다.
- 두 사람 모두 지나치게 비판적이거나 과민 반응하기도 합니다.
- 문제가 생겼을 때 모르는 척 합니다.
- 서로 추파 던지는 것을 좋아하며 관심을 독차지하고 싶어 합니다.
- 두 사람 모두 자신에게 자유를 허용할 것을 요구합니다.

7유형이 말하는 8유형 (주장하는 사람)

내가 8유형을 좋아하는 이유

- 덮어놓고 이의를 제기하는 것을 좋아하며, 나와 격렬히 토론하는 것을 즐깁니다.
- 약자를 보호합니다.
- 일관적이고 강경하게 자기 뜻을 고수합니다.
- 긴장을 풀고 즐길 줄 압니다.
- 독립적이며 내가 좋아하는 일을 할 수 있는 여유를 줍니다.
- 솔직하고 직언을 잘합니다.

내가 8유형을 힘들어하는 이유

– 내게 명령을 하며 자기 방식을 강요합니다.

– 누군가에게 화가 나면 다시는 안 보려고 하는데 내게도 그럴까봐 걱정입니다.

– 분노를 폭발할 때가 있습니다.

– 자기 방식대로 분위기를 장악하고 다른 사람은 아예 말도 못 꺼내게 합니다.

– 내가 하는 말을 애초부터 듣지 않거나 무시해 버립니다.

7유형이 말하는 9유형 (평화적인 사람)

내가 9유형을 좋아하는 이유

– 여유가 있고 같이 있으면 재미있습니다.

– 나와 마찬가지로 충돌이나 정면 대결을 좋아하지 않습니다.

– 내가 좀 늦어도 화내지 않을 만큼 수용적이고 남을 잘 판단하지 않습니다.

– 나의 이상주의를 높이 평가합니다.

– 내 이야기를 잘 들어주고 삶에서 누리는 좋은 것들을 나와 함께 즐깁니다.

– 내게 충분히 관심을 갖습니다.

내가 9유형을 힘들어하는 이유

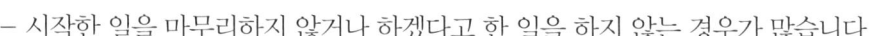

- 나처럼 여러 가지 가능성을 고려하기 때문에 함께 있으면 의사결정이 어렵습니다.
- 고집스러울 때도 있습니다.
- 일상생활을 바꿀 수 있는 새로운 일에 도전하는 것을 싫어합니다.
- 시작한 일을 마무리하지 않거나 하겠다고 한 일을 하지 않는 경우가 많습니다.
- 매사에 느긋합니다.

7유형은 꿈도 꾸지 못할 일

- 벼룩시장에 가기로 했다는 이유로 히말라야 등반 제안을 거절하기
- 휴가 일정을 구체적으로 세워놓고 휴가 내내 일정을 따르기로 결심하기
- 바로 옆에 새롭고 이국적인 레스토랑이 있음에도 불구하고 많이 가본 음식점에 들어가기
- 세미나 쉬는 시간에 가장 재미없는 사람을 골라서 이야기하기
- 같은 일을 반복하기
- 공문서 교정보기

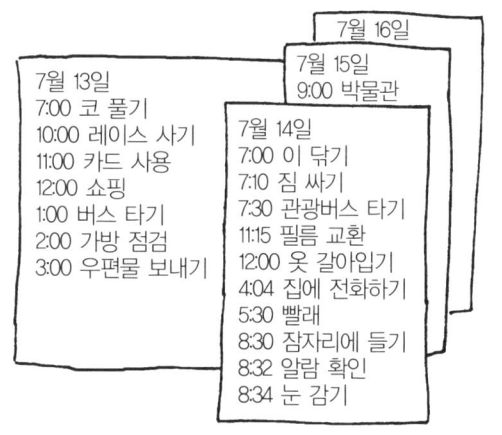

7월 13일
7:00 코 풀기
10:00 레스 사기
11:00 카드 사용
12:00 쇼핑
1:00 버스 타기
2:00 가방 점검
3:00 우편물 보내기

7월 15일
9:00 박물관

7월 16일

7월 14일
7:00 이 닦기
7:10 짐 싸기
7:30 관광버스 타기
11:15 필름 교환
12:00 옷 갈아입기
4:04 집에 전화하기
5:30 빨래
8:30 잠자리에 들기
8:32 알람 확인
8:34 눈 감기

7유형과 잘 지내려면

- 그의 긍정적인 성격과 자발성, 새로운 것에 대한 열정을 높이 평가하십시오.
- 이야기를 들어주고 흥미로운 대화를 나누며 즐겁고 모험적인 활동을 함께 하십시오.
- 정해진 일정이나 반복되는 일상 속에 그를 묶어 두려 하지 마십시오.

나정이는 계획을 유동적으로 세우는 것을 좋아하기 때문에, 마지막 순간까지도 모든 가능성을 열어 놓습니다.

- 비판할 때는 부드럽고 간단히 하며, 방어하고자 하는 마음이 들지 않도록 하십시오.
- 혼자 떠들어서 당신을 지루하게 한다면 대화가 이루어지도록 유도하십시오. 잘 되지 않으면 기분 상하지 않게 양해를 구하고 다른 일을 하십시오.

- 배우자와의 관계에 지나치게 의존하지 말고 스스로 즐길 수 있는 것들을 만드십시오.
- 당신이 감정형이면 사고형 7유형을 대할 때는 서로의 감정에 대해 이야기하면서 분석하려고 하지는 마십시오.
- 어려움을 부정하거나 감추려는 경향이 있으므로, 해결 없이는 같은 문제가 반복된다는 것을 알려주십시오.
- 지나치게 무례하고 당신에게 맞지 않는 방식으로 일을 하려고 할 때는 한 발 물러서 그와 떨어져 지내십시오. 그러나 모든 문제에서 물러서지는 마십시오.

7유형을 도우려면

- 자신의 감정을 좀 더 차분히 돌아보고 내면의 두려움을 인식하도록 도와주십시오. 그가 자기감정에 직면하는 순간에 함께 있어 주십시오.
- 규칙적으로 운동하도록 격려하십시오.
- 어려움을 견디고 분노를 표현하도록 격려하십시오.
- 기쁨과 슬픔, 즐거움과 고통 등 다양한 정서를 경험하도록 용기를 주십시오.

형태는 참을성과 중용, 미래를 준비하는 것의 가치를 배웠습니다. 그리고는 스카이다이빙을 하러 갔습니다.

[부록]

MBTI로 상대를 이해하기

MBTI(Myers-Briggs Type Indicator)는 건강한 관계를 형성하고 기존 관계를 잘 유지하여, 바람직하게 발전시키는데 도움을 줍니다. 위험 요인을 잘 인식하면 관계 형성 능력이 개발될 것입니다.

이 장에서는 8개 선호성향(preference)에 대해 알아보고, MBTI 16개 유형의 상호 연관성에 대해 살펴봅니다. 비슷한 유형의 사람과 만나면 이해하기 쉽고 갈등도 거의 없습니다. 반대 유형의 사람과 만나면 자신에게 부족한 특성을 받아들여 자기 성격을 보다 원만하게 만들 수 있습니다. 건강한 관계는 '같음'과 '다름'의 원만한 어울림입니다.

외향형 (Extrovert Type)
평균적으로 미국 남성의 50%, 여성의 55%는 외향형입니다. 외향형은 사교적이고 말이 많은 편입니다. 일 처리 속도가 빠르고, 행동을 먼저하고 생각을 나중에 하는 경향이 있습니다.

외향형과 좋은 관계를 맺는 법
- 그 사람의 친절함과 열정, 앞서서 일하는 능력에 대해 감사를 표현하십시오.
- 그 사람과 함께 아이디어와 느낌을 공유하십시오. 이 과정을 통해 서로 힘을 얻고 자기 생각을 명확히 할 수 있습니다.
- 그 사람이 좋아하는 활동을 함께 하십시오.

내향형 (Introvert Type)
미국 남성의 50%, 여성의 45%는 내향형입니다. 내향형은 혼자 있거나 둘이 있을 때 가장 편안하게 느낍니다. 비교적 말이 없는 편이며, 생각한 후에 행동하는 경향이 있습니다.

내향형과 좋은 관계를 맺는 법
- 그는 혼자 있어야 힘을 충전한다는 것을 이해해 주십시오.
- 사교적이 되라고 요구하거나, 그의 느낌보다 더 열정적으로 행동하라고 강요하지 마십시오.
- 인내심을 가지고 그가 반응할 수 있는 충분한 시간을 주십시오.
- 다시 말하지 않도록 그의 이야기를 주의 깊게 들어 주십시오.

감각형 (Sensates Type)
미국 남성의 55%, 여성의 55%가 감각형입니다. 감각형은 현실적입니다. 오감을 통해서 직접 얻은 정보에 의존하는 경향이 있습니다.

감각형과 좋은 관계를 맺는 법
- 현실적으로 지금 이 순간에 충실하고 싶어 하는 그의 성향을 높이 평가하십시오.
- 차근차근 단계별로 설명하십시오. 추상적으로 말하거나 화제를 급하게 바꾸면 혼란스러워합니다.
- 사실, 예화, 세부사항 등을 통해 구체적으로 이야기하십시오.

직관형 (iNtuitives Type)
미국 남성의 45%, 여성의 45%가 직관형입니다. 직관형은 직감, 통찰, 영감을 통해서 정보를 얻고, 즉각적인 정보를 얻은 것에 만족하지 않고 다양한 가능성을 고려하는 경향이 있습니다.

직관형과 좋은 관계를 맺는 법
- 큰 그림을 보는 능력, 새로운 아이디어를 생각하는 능력, 문제를 기발하고 창의적으로 해결하는 능력을 높이 평가하십시오.
- 생각이 비현실적이고 즉시 적용할 수 없다 하더라도 그의 말을 흥미 있게 들어주십시오.
- 구체적인 내용을 너무 많이 알려주지 마십시오.

사고형 (Thinking Type)

미국 남성의 65%, 여성의 35%가 사고형입니다. 사고형은 사적인 감정을 그다지 중요시하지 않으며 분석적이고 비효율적인 추론은 싫어하는 경향이 있습니다.

사고형과 좋은 관계를 맺는 법

- 논리적이고 이성적이며 명확한 일처리 능력을 높이 평가하십시오.
- 감정을 세심하게 헤아리려고 하지 마십시오.
- 그의 제안과 충고는 결정을 돕기 위한 것이지 당신에게 부정적으로 말하는 것이 아님을 믿으십시오.

사고형 특성은 흔히 남성적으로 보이기 때문에, 사고형 여성은 문화적으로 어려움을 겪기도 합니다.

감정형 (Feeling Type)

미국 남성의 35%, 여성의 65%는 감정형입니다. 감정형은 눈치 빠르게 행동하고 화합과 원활한 의사소통을 가치 있게 여깁니다. 사람들에게 관심이 많고, 비판에 민감한 경향이 있습니다.

감정형과 좋은 관계를 맺는 법

- 공감하고 자기감정을 표현하는 능력, 남의 마음을 움직이고 사람들을 편안하게 만드는 능력을 높이 평가하십시오.
- 말이나 축하 카드, 포옹, 특별한 선물 등으로 그에게 사랑과 고마움을 표현하십시오.
- 특별히 조언을 구하지 않는 한, 문제를 해결해 주기보다 그들의 느낌을 잘 들어주십시오.
- 그의 말을 인정해 주고 당신이 왜 그의 이야기에 동의하는지 명확히 이야기해 주십시오.
- 냉소적이거나 비꼬는 말은 절대 삼가야 합니다.
- 그의 섬세함을 높이 평가하십시오.

감정형 성향은 흔히 여성적으로 보이기 때문에, 감정형 남성은 문화적으로 어려움을 겪기도 합니다.

판단형 (Judging Type)

미국 남성의 60%, 여성의 60%는 판단형입니다. 판단형은 결단력 있고 정리를 잘 하며, 진지한 편이고 신속하게 결정하는 경향이 있습니다.

판단형과 좋은 관계를 맺는 법

- 그의 업무효율성과 일을 시작하면 끝까지 마무리하는 능력을 높이 평가하십시오.
- 마지막 순간에 갑자기 계획을 바꿔서 놀라게 하지 마십시오.
- 그의 성실함과 일을 끝내야 긴장을 푸는 성향을 이해하십시오.
- 시간 낭비를 아주 싫어하므로 시간을 잘 지키십시오.

인식형 (Perceiving Type)

미국 남성의 40%, 여성의 40%가 인식형입니다. 인식형은 항상 가능성을 열어 두고 되도록이면 많은 정보를 모으려고 합니다. 융통성과 참을성이 많고 빽빽한 일정을 좋아하지 않습니다.

인식형과 좋은 관계를 맺는 법

- 융통성과 자발성, 다양한 각도로 문제를 보는 능력을 높이 평가하십시오.
- 즉흥적인 활동을 함께 하십시오.
- 결정을 내릴 수 있는 시간을 충분히 주십시오.
- 어떤 활동을 하다가 갑자기 다른 활동으로 바꾸는 그의 행동 방식을 이해하십시오.

판단형　　　　　　　　인식형

MBTI의 16개 유형

SJ 성향 : 전통을 따르는 사람 (Traditionalist)

미국 남성의 40%, 여성의 40%는 SJ 성향입니다.

SJ 성향을 지닌 사람은

- 해야 할 것과 하지 말아야 할 것을 분명히 구분합니다. 책임감이 있고 신뢰할 만하며 충실합니다. 배우자에게도 이런 성향을 기대합니다.
- 개인적인 바람보다는 가족이나 결혼 생활에 충실한 것에 더 큰 가치를 둡니다.
- 현실적이며 분명한 역할 구분을 좋아합니다. SJ 성향의 남성은 자신이 가족을 부양하고 보호하는 사람이라고 생각하며, SJ 성향의 여성은 자신이 남을 보살펴주는 사람이라고 생각합니다.
- 돈 문제에 대해 무척 신중합니다.
- 일어날 가능성이 별로 없는 일까지 걱정합니다.
- 주어진 일을 마칠 때까지는 긴장을 늦추지 않습니다.

SJ 성향을 지닌 사람은 모든 일을 심각하게 생각하는 자기 성격을 보완하고 싶은 마음에 낙천적이고 즉흥적인 사람을 좋아합니다. 알고 보면 그가 매력을 느끼는 사람은 무책임하고 예측 불가능한 사람인 경우가 많습니다.

ESTJ (외향 Extroverted, 감각 Sensing, 사고 Thinking, 판단 Judging)

미국 남성의 14%, 여성의 8%는 ESTJ입니다. ESTJ는 자기주장이 강하고 직선적입니다. 무뚝뚝하면서도 논리적이고 활동적이며 결단력이 있습니다. 사교적인 반면 다른 사람의 관점의 결함을 빨리 찾아내는 경향이 있습니다. 중요한 책임을 떠맡는 것을 좋아해서 동등한 관계를 원하는 배우자와는 갈등을 일으키기도 합니다. 따뜻하고 남을 보살펴 주는 것을 좋아하며 감정적 성향의 사람에게 끌립니다. 주로 8유형과 1유형이 많으며, 3유형과 7유형도 있습니다.

ISTJ (내향 Introverted, 감각 Sensing, 사고 Thinking, 판단 Judging)

미국 남성의 14%, 여성의 8%는 ISTJ입니다. ISTJ는 실질적이고 까다롭습니다. 조직적으로 일하며 시간을 잘 지킵니다. 자기 자신과 남에 대한 기대 수준이 높습니다. 충실하고 건실한 편이나 때로 타협을 잘 하지 않는 사람으로 보이기도 합니다. 진지한 ISTJ는 쾌활한 감정형에게 서로 끌리는 경우가 많습니다. 주로 1유형, 5유형, 6유형이 많습니다.

ESFJ (외향 Extroverted, 감각 Sensing, 감정 Feeling, 판단 Judging)

미국 남성의 5%, 여성의 13%는 ESFJ입니다. ESFJ는 따뜻하고 부드러우며 동정심이 많습니다. 남에게 실질적인 도움을 줌으로써 사랑을 표현합니다. 말이 많은 편이고 사람들과 어울리는 것을 좋아합니다. 상대가 자신을 필요로 하거나 자기가 준 도움에 고마워하는 것을 좋아하며, 그런 사람을 위해서라면 자기가 원하는 것도 포기할 수 있습니다. 9유형처럼 따뜻하고 수용적인 배우자를 선택하며, 5유형처럼 말이 없는 사람과 같이 있으면 무시당한다고 느끼기도 합니다. 주로 2유형과 6유형이 많습니다.

ISFJ (내향 Introverted, 감각 Sensing, 감정 Feeling, 판단 Judging)

미국 남성의 5%, 여성의 12%는 ISFJ입니다. ISFJ는 내성적이고 참을성이 많습니다. 부드럽고 충직하며 신뢰할 만합니다. 남을 위해 자신의 것을 많이 내어줄 수 있지만 도움을 받거나, 부정적인 감정을 표현하는 것은 힘들어합니다. 의무에 극단적일 정도로 충실하고 책임감 때문에 과도한 부담을 느끼는 경우가 많습니다. 주로 1유형, 2유형, 6유형이 많습니다.

SP 성향 : 행동 중심적인 사람 (Action Oriented)

미국 남성의 18%, 여성의 16%가 SP 성향입니다.

SP 성향을 지닌 사람은

- 재미를 추구하며 낙천적이고 즉흥적입니다.
- 구속받는 것과 의무감, 반복되는 일상을 피하고 싶어 합니다.
- 다양한 것을 추구하고 흥미로운 것을 찾습니다.
- 만일의 경우를 대비한 저축보다는 즐기기 위한 소비를 선호합니다.
- 남을 보살펴 주고 싶은 마음을 말보다는 행동으로 표현합니다.
- 사고형인 경우에는 더 조용하며 호기심 많은 방관자인 경우가 많습니다.
- 갈등을 피하며, 불만이 있는 경우 문제를 직면하지 않고, 그냥 관계를 끝내려고 합니다.

SP 성향의 사람은 자신의 즉흥적이고 모험적인 생활 태도를 보완해 줄만한 안정적이고 책임감 있는 배우자를 선택하는 경우가 많습니다. 자신의 취미나 관심분야를 수용해 주는 배우자에게 고마움을 느낍니다.

ESTP (외향 Extroverted, 감각 Sensing, 사고 Thinking, 인식 Perceiving)

미국 남성의 5%, 여성의 2%는 ESTP입니다. ESTP는 매력적이고 사람들과 잘 어울리며 재치 있습니다. 사람들에게 주목받는 것을 좋아하며 권위주의에 저항하고 도전을 즐깁니다. 배우자가 느끼기에는 충동적이고 산만하며 직선적이고 둔감해 보일 것입니다. 배우자보다는 자기가 좋아하는 모험을 중요하게 생각합니다. 주로 7유형이 많습니다.

ISTP (내향 Introverted, 감각 Sensing, 사고 Thinking, 인식 Perceiving)

미국 남성의 5%, 여성의 2%는 ISTP입니다. ISTP는 독립적이고 현실적입니다. 모험과 도전을 좋아하고 남에게 별다른 관심이 없으며 말이 별로 없습니다. 도구나 기계 등 자신의 손으로 조작하는 것에 열정적으로 집중하며, 주로 5유형과 7유형이 이에 속합니다.

ESFP (외향 Extroverted, 감각 Sensing, 감정 Feeling, 인식 Perceiving)

미국 남성의 4%, 여성의 7%는 ESFP입니다. ESFP는 따뜻하고 열정이 많으며 생기가 넘칩니다. 남을 잘 돌보고 즉각적으로 애정을 표현하며 다른 사람을 집에 초대하는 것을 좋아합니다. 앞일을 생각하기보다는 현재의 즐거움을 찾고, 한 번 시작한 일을 끝까지 마무리 하는 것을 힘들어 합니다. 화합과 긍정적인 것을 중시합니다. 사람들이 보기에는 산만하고 지나치게 활동적일 수 있습니다. 주로 2유형과 7유형이 많습니다.

ISFP (내향 Introverted, 감각 Sensing, 감정 Feeling, 인식 Perceiving)

미국 남성의 3%, 여성의 5%는 ISFP입니다. ISFP는 말이 없는 편이고 부드러우며 겸손하고 꾸밈이 없습니다. 남을 잘 돕고 잘 믿으며, 남을 위해 조용히 무언가를 해줌으로써 사랑을 표현합니다. 수용적이고 다른 사람의 삶의 방식을 간섭하지 않으며, 배우자에게 존중 받지 못하거나 쉽게 위축되기도 합니다. 주로 9유형이 많으며, 4유형 남성에게도 종종 나타납니다.

NT 성향 : 지식을 추구하는 사람 (Knowledge Seekers)

미국 남성의 26%, 여성의 16%는 NT 성향입니다.

NT 성향을 지닌 사람은

- 자신의 독립성을 소중하게 생각하며 배우자도 독립적이기를 원합니다.
- 토론을 좋아하고 경쟁적이며 논쟁을 잘 합니다.
- 논리적이고 이성적이며 체계적인 것을 좋아합니다.
- 느낌을 이성적으로 분석하는 경향이 있으며 관계에 대한 이야기는 피하려고 합니다.
- 감정을 과장하거나 남 앞에서 하는 애정 표현은 좋아하지 않습니다.
- 가족과 시간을 보내는 것 보다 자신의 관심사와 업무상 목표를 추구하는 것이 중요합니다.
- 기념일이나 생일 같은 것에 별로 관심이 없습니다.
- 내향적인 경우에는 더 혼자 있는 것을 좋아합니다.

NT 성향은 보통 남성적으로 보이기 때문에, NT 성향의 여성은 문화적으로 어려움을 겪기도 합니다.

ENTJ (외향 Extroverted, 직관 iNtuitive, 사고 Thinking, 판단 Judging)

미국 남성의 8%, 여성의 5%가 ENTJ입니다. ENTJ는 자신감 넘치고 야망이 있으며 직선적이고 주도권을 갖기를 원합니다. 정면 대결을 좋아하고 성격이 급하며 비판적이기 때문에 배우자와 갈등을 겪는 경우가 많습니다. 사람이나 상황을 지배하려는 자신의 성격을 보완하기 위해, 남을 잘 보살피고 잘 맞춰 주는 따뜻한 사람에게 끌립니다. 주로 1유형, 3유형, 6유형, 8유형이 많습니다.

ENTP (외향 Extroverted, 직관 iNtuitive, 사고 Thinking, 인식 Perceiving)

미국 남성의 6%, 여성의 4%는 ENTP입니다. ENTP는 경쟁적이고 사람들과 어울리는 것을 좋아하며 재치 있고 즉흥적이며 활기찹니다. 자유와 독립성을 중시하며 모험을 좋아하고 심리적인 도전을 즐깁니다. 정리정돈을 잘 못하고 시작한 일을 마무리 못하는 경우가 많으며, 무엇이든 시험하려고 하는 성향은 사람들을 피곤하게 합니다. 따뜻하고 자신을 지지하며 섬세한 사람에게 끌리며, 주로 6유형과 7유형이 많습니다.

INTJ (내향 Introverted, 직관 iNtuitive, 사고 Thinking, 판단 Judging)

미국 남성의 7%, 여성의 3%가 INTJ입니다. INTJ는 논리적이고 이론적이며 독립적인 동시에 책임감이 있습니다. 매사에 충직하며 자신에 대한 기대치가 높습니다. 말이 없고 사람들과 떨어져 홀로 있을 때가 많습니다. 가끔 독선적이고 남을 심하게 비난하기도 합니다. 거절당하는 것에 민감하지만 마음이 상했을 때는 표현하지 않고 혼자 감당하는 편입니다. 심사숙고하고 이성적으로 판단하여 배우자를 선택하기도 하고, 공통점이 거의 없는 상대와 무모한 사랑에 빠지기도 합니다. 주로 1유형, 5유형, 6유형이 많습니다.

INTP (내향 Introverted, 직관 iNtuitive, 사고 Thinking, 인식 Perceiving)

미국 남성의 6%, 여성의 3%가 INTP입니다. INTP는 말이 없고 사람들을 가까이 하지 않으며 책, 정보, 지식, 생각의 세계에 심취하는 경우가 많습니다. 사람을 만나는 것에 큰 흥미를 못 느끼지만 가끔 열띤 토론에 참여하기도 합니다. 부정적이고 냉소적이며 논쟁을 좋아합니다. 자신의 내향성을 보완하기 위해 남을 잘 돌보는 활발한 사람에게 끌리지만, 배우자가 관심을 보여주기 원할 때 강요로 느낄 수 있습니다. 주로 5유형이 많습니다.

NF 성향 : 정체성을 추구하는 사람 (Identity Seekers)

미국 남성의 16%, 여성의 26%가 NF 성향을 지니고 있습니다.

NF 성향을 지닌 사람은

- 삶의 의미를 추구합니다.
- 완벽하고 풍성한 관계를 꿈꿉니다.
- 동정심이 많고 다정합니다.
- 자신과 배우자의 잠재 능력을 드러내려고 노력합니다.
- 자기 가치관에 위배되지 않는 한 갈등을 만들지 않습니다.
- 비판에 예민합니다.

NF 성향의 여성은 자신의 따뜻함과 연민, 이상주의, 독창성 등을 높이 평가해 주는 NT 성향에게 끌리기 쉽습니다. NF 성향은 보통 여성적으로 보이기 때문에, NF 성향의 남성은 문화적으로 어려움을 겪기도 합니다. 유혹이나 공격성이나 고집과 융통성 없는 행동으로 이러한 성향을 보완하려고 합니다.

ENFJ (외향 Extroverted, 직관 iNtuitive, 감정 Feeling, 판단 Judging)

미국 남성의 4%, 여성의 7%가 ENFJ입니다. ENFJ는 책임감이 강하고 열정이 넘치며 남을 돕는 것을 좋아합니다. 탁월한 소통능력으로 사교성이 뛰어나며 사람들과 함께 있는 것을 좋아합니다. 관계에 대한 헌신과 충직함, 평화로운 삶을 중요하게 생각하지만, 관계에 갈등이 있거나 관계가 끝났을 때 자신을 비난하거나 상대를 원망하기도 합니다. 항상 사랑과 인정을 갈망하며 충족되지 않을 때는 실망합니다. 주로 1유형, 2유형, 3유형, 7유형, 8유형이 많습니다.

ENFP (외향 Extroverted, 직관 iNtuitive, 감정 Feeling, 인식 Perceiving)

미국 남성의 7%, 여성의 5%가 ENFP입니다. ENFP는 역동적이고 즉흥적이며 재미있는 것을 추구하고 열정적입니다. 지나치게 긍정적으로 보이기도 하며, 남들의 인정을 바라고 다른 사람과의 관계에 지나친 신경을 쓰다가 자신을 놓치기도 합니다. 애정이 많아서 끊임없이 새로운 사람, 새로운 것과 사랑에 빠집니다. 열정의 대상이 바뀌면 변덕을 보일 수도 있습니다. 주로 2유형과 7유형이 많습니다.

INFJ (내향 Introverted, 직관 iNtuitive, 감정 Feeling, 판단 Judging)

미국 남성의 3%, 여성의 5%가 INFJ입니다. INFJ는 굳은 의지와 강한 책임감, 참신한 창의력이 돋보입니다. 충직하면서 말이 없고 고독해 보이기도 합니다. 화합에 대한 욕구가 강해서 자기주장을 힘들어 하고, 경계를 짓는 것을 어려워하며, 힘들어도 혼자 감당합니다. 다른 사람의 느낌을 잘 헤아리며, 이해 받지 못한다고 생각할 때는 깊은 상처를 받기 때문에 자신의 이상적인 생각을 이해하고 받아주는 배우자를 원합니다. 주로 1유형과 4유형이 많습니다.

INFP (내향 Introverted, 직관 iNtuitive, 감정 Feeling, 인식 Perceiving)

미국 남성의 7%, 여성의 5%가 INFP입니다. INFP는 충직하고 연민이 많으며 생각이 깊고 부드럽습니다. 창의적이고 자기 비판적이며 온화하고 혼자 있는 시간이 많이 필요합니다. 거부나 경멸에 무척 민감하며 자기감정을 나누는 일을 힘들어 하기 때문에 깊이 있는 자기내면, 이상주의, 예민한 성향을 이해하고 높이 평가해 줄 영혼의 동반자를 찾습니다. INFP 여성은 내면의 힘과 결단력으로 사람들에게 좋은 평가를 받는 반면 INFP 남성은 사람들, 특히 남자들이 잘 받아주지 않는다고 느끼기도 합니다. 주로 4유형과 9유형이 많습니다.

에니어그램 유형과 MBTI 유형

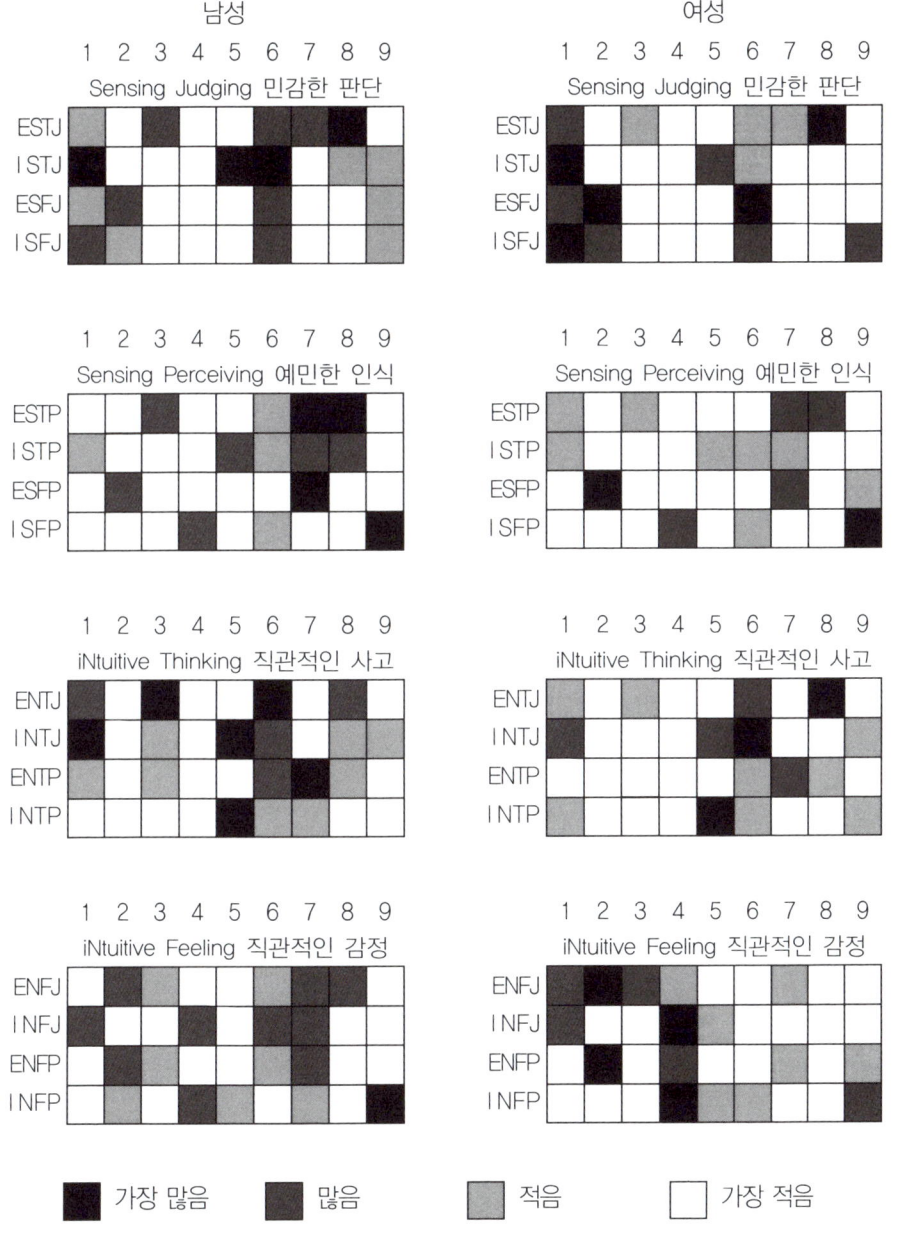

각 유형의 유사점

에니어그램과 MBTI라는 두 가지 성격 유형 체계를 살펴보았습니다. 아직까지 당신의 유형을 확신하지 못하셨습니까? 더욱이 고민하고 있는 에니어그램 두 유형이 같은 MBTI 유형에 속한다면 확신하기 더 어려울 것입니다. 여기에서는 같은 MBTI 유형을 공유하는 유사한 에니어그램 유형들을 비교하고자 합니다.

1유형 (개혁하는 사람)과 2유형 (도와주는 사람)
특히 FJ 성향 : ESFJ, ISFJ, ENFJ
- 남을 돕고 조언하는 것을 좋아하며 바르게 살려고 노력합니다.
- 자기 비판적입니다.
- 걱정이 많습니다.
- 남을 지배하고 싶어 하고 강한 소유욕과 독선이 있습니다.
- 상대방이 자기가 애써서 한 일을 당연한 것으로 생각할 때 상처받고 화납니다.
- 자신이 원하는 것과 필요한 것을 말하기를 꺼려합니다.

서로 다른 점
1유형은 자신이 옳다고 생각하는 방식으로 일 하는 데 집중하는 반면
    2유형은 다른 사람과 관계를 형성하는 것에 집중합니다.
1유형은 자신의 감정을 혼자 간직하는 반면
    2유형은 자신의 감정을 드러내 보입니다.
1유형은 경계를 명확하게 설정하는 반면
    2유형은 경계가 명확하지 않은 편인데, 외향성일 때 더욱 그렇습니다.
1유형은 회의적인 반면
    2유형은 남을 잘 믿습니다.

1유형 (개혁하는 사람)과 3유형 (성취하는 사람)
특히 판단형 : ENTJ, ENFJ

- 자신과 타인에 대한 기대치가 높습니다.
- 부지런하고 활동적이며 효율적으로 일을 빨리 마무리 하려고 합니다.
- 자신이 일을 가장 효율적으로 처리한다고 생각하기 때문에 남에게 잘 맡기지 않습니다.
- 전통적인 관습을 존중합니다.

감정형인 1유형과 3유형은 비판에 민감합니다. 남을 기쁘게 하고 돕는 것을 좋아하고 갈등을 피하려고 합니다. 사고형인 1유형과 3유형은 객관적이고 의지가 강하며 사람보다는 자료, 정보, 사물에 관심이 많습니다.

서로 다른 점

1유형은 3유형보다 내향성 지수가 높습니다.

1유형은 훈계하듯이 이야기하는 반면
   3유형은 자랑하면서 이야기합니다.
1유형은 한 가지 일을 끝내고 다른 일을 시작하는 반면
   3유형은 동시에 여러 가지 일을 합니다.
1유형은 체계적으로 일을 처리하는 반면
   3유형은 편의에 따라 일을 처리합니다.
1유형은 일관성 있고 성실하며 약속을 잘 지키는 반면
   3유형은 매력적이고 카리스마 넘치며 남의 기대나 상황에 따라 태도를 바꾸기도 합니다.
1유형은 부정적이며 과거의 실수나 앞일에 대해 걱정을 많이 하는 반면
   3유형은 긍정적이며 자신이 이룬 성취에 집중합니다.

1유형 (개혁하는 사람)과 4유형 (낭만적인 사람)

특히 INFJ

- 이상이 높아서 자신의 처지나 주변 상황에 만족하기 어렵습니다.
- 양심적이며 자신에 대한 기대치가 높습니다.
- 열심히 일하며 인내심이 많습니다.
- 비교적 세련되고 품위 있습니다.
- 독선적입니다.

서로 다른 점

1유형은 자기감정을 통제하려고 하는 반면
    4유형은 감정적이고 자기 슬픔을 표현합니다.

1유형은 강렬한 느낌을 위협이나 부적절하다고 생각하는 반면
    4유형은 깊고 강렬한 감정을 가치 있게 생각합니다.

1유형은 일반적으로 사회 규범을 존중하고 따르는 반면
    4유형은 보통 자신의 규칙을 따릅니다.

1유형은 실제적이고 현실적인 반면
    4유형은 풍부한 상상력과 창의성이 있습니다.

1유형 (개혁하는 사람)과 5유형 (관찰하는 사람)
특히 ISTJ, INTJ

- 논리적이고 객관적이며 감정을 잘 다스립니다.
- 양심적이고 높은 기준을 갖고 있습니다.
- 집중력과 자기 통제력이 강합니다.
- 걱정이 많고 실수하지 않으려고 노력합니다.
- 독립적이고 자기 의존적입니다.

서로 다른 점

1유형은 현실적이고 실제적인 반면
    5유형은 추상적이고 이론적입니다.

1유형은 전통과 규칙을 잘 따르는 반면
    5유형은 보수주의와 권위주의에 반대합니다.

1유형은 활동적인 역할을 좋아하는 반면
    5유형은 뒤에서 관찰하는 역할을 좋아합니다.

1유형은 대안을 하나씩 줄여가면서 결정하는 것에 집중하는 반면
    5유형은 정보 수집에 집중합니다.

1유형 (개혁하는 사람)과 6유형 (충성하는 사람)
대부분의 판단형

- 책임감이 강하고 헌신적입니다.
- 처음 관계를 맺을 때는 회의적이지만 서서히 신뢰를 형성합니다.
- 원칙과 명분에 집중합니다.
- 불안감이 많고 부정적입니다.
- 일이 과도하게 많으며 늘 긴장합니다.
- 감각형이나 판단형은 분명한 안내 지침을 원합니다.
- 감정형은 남의 감정을 잘 이해하고, 잘 도와줍니다.
- 사고형은 분석적이고 정면 도전 합니다

1유형과 6유형은 구별하기 어렵습니다.

서로 다른 점

1유형은 대부분의 장형처럼 안정적인 반면
　　6유형은 대부분의 머리형처럼 자신에 대한 불안이 많습니다.
1유형은 분노를 억누르고 회피하는 반면
　　6유형은 공포 대항형인 경우 자신의 분노를 고스란히 드러냅니다.
1유형은 한결같이 행동하는 반면
　　6유형은 예측 불가능한 행동이 많습니다.
1유형은 바른생활과 규범을 고려하는 반면
　　6유형은 안전을 염두에 둡니다(공포 대항형은 권위에 반대하고, 공포 순응형은 위험 요소를 꼼꼼히 살핍니다).
1유형은 일을 빨리 마무리하려고 하고, 결정을 빨리 내리는 반면
　　6유형은 일을 빨리 끝내고 싶어 하면서도 최종 결정은 어려워합니다.

1유형 (개혁하는 사람)과 8유형 (주장하는 사람)

특히 ESTJ, ESTP, ENTJ

- 부지런하고 야망이 있으며 자신의 목표에 충실합니다.
- 일중독 가능성이 있습니다.
- 자기 원칙과 이상을 강력하게 주장합니다.
- 자신감 넘치고 직선적입니다.
- 참을성이 없고 논쟁을 좋아하며 남의 기분에 무관심합니다.
- 책임을 떠맡고 남들도 그렇게 하도록 격려합니다.
- 자신을 의지하며 독립성이 강합니다.
- 모든 일을 흑백 논리로 판단합니다.

서로 다른 점

1유형은 자기절제와 좋은 매너로 적절한 관계를 형성하는 반면
    8유형은 사고형의 경우 매사에 과잉반응하며 무례하고 목소리가 큰 편입니다.

1유형은 이성과 합리를 추구하는 반면
    8유형은 남을 당황스럽게 하고 자신이 비이성적으로 보여도 상관없습니다.

1유형은 체계적이고 신중한 반면
    8유형은 즉흥적이고 빠르게 반응합니다.

1유형은 끝까지 참다가 견딜 수 없을 때 화를 내는 반면
    8유형은 바로 그 자리에서 화를 내지만 마음에 쌓아 두지는 않습니다.

1유형은 다른 사람의 변화를 위해 꾸준히 압박하는 반면
    8유형은 변화를 강요합니다.

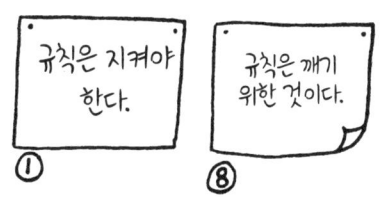

2유형 (도와주는 사람)과 3유형 (성취하는 사람)

특히 ENFJ

- 외향적인 경우, 사교성과 열정과 친절이 넘치며 자기 의견을 명확히 밝힙니다.
- 외모에 관심이 많고, 좋은 인상을 주려고 노력하며, 다른 사람의 반응을 항상 살핍니다.
- 자신의 연약함을 자신감 뒤에 숨깁니다.
- 인정과 칭찬, 찬사를 받고 싶어 합니다.
- 부정적인 감정을 직접 표현하는 것을 힘들어 합니다.

서로 다른 점

2유형은 자신의 포용력이 높이 평가받기를 바라는 반면
    3유형은 자신의 성취와 업적으로 높이 평가받고 싶어 합니다.

2유형은 다른 사람과의 관계를 통해 자신을 인식하는 반면
    3유형은 자기 일을 통해 자신을 인식합니다.

2유형은 인식형인 경우 지나치게 감정적이고 극적인 반면
    3유형은 비교적 감정을 잘 절제합니다.

2유형은 자기감정을 말하는 것을 좋아하는 반면
    3유형은 자기목표를 말하는 것을 좋아합니다.

2유형은 남을 위해 자기 이익도 포기할 수 있는 반면
    3유형은 일반적으로 자기 목표에 집중합니다.

2유형은 4유형 화살의 영향을 받은 경우, 자기감정의 흐름을 따르는 것을 좋아하는 반면
    3유형은 진지한 감정을 다루는 것을 회피하는 경향이 있습니다.

2유형 (도와주는 사람)과 4유형 (낭만적인 사람)
특히 ENFP
- 따뜻하고 남을 잘 지지해 주며 연민이 많습니다.
- 관계를 매우 중요하게 생각하며 사람마음을 잘 헤아립니다.
- 거절당하는 것에 매우 민감합니다.
- 극적이고 강렬하며 질투가 많고 소유욕이 강합니다.
- 외향적인 경우, 관심과 인정을 받으려고 노력합니다.
- 양심에 매우 민감하며 죄책감 때문에 힘들어합니다.
- 배우자와 밀고 당기기를 하곤 합니다.
- 자기표현을 중요하게 생각합니다.

2유형과 4유형은 대부분 감정형입니다.

서로 다른 점
외향적인 4유형이 내향적인 4유형보다 2유형에 더 가깝습니다.

2유형은 남에게 관심이 많으며 유쾌하려고 노력하는 반면
    4유형은 자신에게 몰두하며 감정 기복이 심합니다.
2유형은 자신의 슬픔을 감추려고 하는 반면
    4유형은 자신의 슬픔을 드러내 보입니다.
2유형은 남에게 먼저 다가가는 반면
    4유형은 내향적인 경우 혼자 있는 것을 좋아합니다.
2유형은 남에게 베푸는 것으로 자신을 드러내는 반면
    4유형은 감정 표현과 소통으로 자신을 드러냅니다.

2유형 (도와주는 사람)과 공포 순응형인 6유형 (충성하는 사람)

특히 ESFJ, ISFJ

- 사교적이고 따뜻하며 연민이 많습니다.
- 사람들과 관계를 깊이 맺으려고 노력합니다.
- 사람들에게 도움과 조언을 주려고 노력합니다.
- 비판에 예민합니다.
- 사람들에게 사랑받으려고 노력하며 다른 사람의 욕구를 먼저 생각합니다.
- 버림받는 것을 두려워합니다.

서로 다른 점

2유형과 사고형인 6유형은 비슷한 점이 별로 없습니다.

2유형은 사람들이 자신을 제일 많이 좋아해 주기를 바라는 반면
　6유형은 사람들이 자신을 제일 먼저 보호해 주기를 원합니다.

2유형은 듣기 좋아하는 말을 잘하는 반면
　6유형은 가끔 그런 사람도 있지만 대체로 아부하는 사람들을 경계합니다.

2유형은 자신의 불안을 덮어버리거나 느끼지 못하는 반면
　6유형은 자신의 불안에 지나치게 신경을 씁니다.

2유형은 의사 결정할 때 옳다고 느끼는 것을 중요하게 생각하는 반면
　6유형은 모든 가능성을 최대한 고려하는 것을 중요하게 생각합니다.

2유형은 긍정적인 것에 초점을 맞추는 반면
　6유형은 최악의 결과를 상상합니다.

2유형은 외향적인 경우, 사람들을 잘 믿고 자기 삶에 여러 사람을 끌어들이는 반면
　6유형은 믿을 만한 사람인지 조심스럽게 살핀 후에 자기 삶에 받아들입니다.

2유형 (도와주는 사람)과 7유형 (모험적인 사람)
특히 외향형 : ESFP, ENFP, ENFJ

- 활발하고 정열적이며 재미를 추구하고 남을 즐겁게 만듭니다.
- 긍정적이고 이상적입니다.
- 사람들에게 동기를 부여합니다.
- 사람들에게 인정받고 싶어 합니다.
- 매력적이며 이성에게 호감을 사려고 합니다.
- 인식형인 경우는 즉흥적인 편입니다.

서로 다른 점

2유형은 보통 감정형이며, 사고형인 7유형과는 비슷한 점이 별로 없습니다.

2유형은 다른 사람의 삶에 관심이 있는 반면
    7유형은 자기 일이나 계획에 집중합니다.
2유형은 사람들이 자기 문제를 말하도록 상대방을 편안하게 해 주는 반면
    7유형은 사람들이 자기 문제를 이야기하면 먼저 불편해 합니다.
2유형은 자신이 꼭 필요한 존재가 되고 싶어 하는 반면
    7유형은 사람들이 자기에게 의지하는 것을 원하지 않습니다.
2유형은 남을 위해 자기 관심사도 포기할 수 있는 반면
    7유형은 항상 자신을 먼저 생각합니다.
2유형은 눈치 빠르게 행동하려고 노력하고 남의 기분을 상하게 하지 않는 반면
    7유형은 자기 생각을 서슴없이 이야기합니다.
2유형은 가슴형의 특징인 감정을 잘 느끼려고 노력하는 반면
    7유형은 머리형의 특징인 두려움을 회피하려고 애씁니다.

2유형 (도와주는 사람)과 9유형 (평화적인 사람)

특히 감정형

- 공감을 잘 하고 관대하며 남을 잘 지지해 주고 신뢰합니다.
- 외향적인 경우는 따뜻하고 재미있습니다.
- 자기주장이나 분노 표출을 어려워합니다.
- 자기를 편안하고 행복하게 만드는 사람에게 의존하는 경향이 있습니다.
- 배우자에게 잘 맞춰 주는 편입니다.

서로 다른 점

2유형은 일반적으로 감정형이며, 사고형인 9유형과는 비슷한 점이 별로 없습니다.

2유형은 외향적인 경우, 강렬하고 극적인 면이 있는 반면
    9유형은 외향적이라고 해도 2유형보다는 말이 없고 조용하며 차분합니다.

2유형은 자기감정을 쉽게 드러내는 반면
    9유형은 내향적인 경우, 자기감정을 혼자서 간직합니다.

2유형은 보통 한 번에 한 사람씩 관심을 쏟는 반면
    9유형은 많은 사람이나 단체와 어울리는 경향이 있습니다.

2유형은 자신감 넘쳐 보이며, 자기 이미지에 신경을 많이 쓰는 반면
    9유형은 온화하며 자기과시가 없습니다.

3유형 (성취하는 사람)과 6유형 (충성하는 사람)
특히 사고형과 판단형
- 책임감이 강하고 열정이 넘치며, 자신과 타인에게 기대치가 높습니다.
- 매력적입니다.
- 객관적이고 의지가 강하며 상황을 통제하고 싶어 합니다.
- 일이 지나치게 많으며 편히 쉬는 것을 힘들어합니다.

서로 다른 점
3유형은 개인적인 목표나 성취에 집중하는 반면
　　6유형은 공동체나 가치관에 대한 자기 의무에 집중합니다.
3유형은 자신감 넘치고 긍정적인 반면
　　6유형은 불안해하고 부정적입니다.
3유형은 일이 잘못될 가능성보다는 해야 할 일에 집중하는 반면
　　6유형은 실패, 불행, 우울한 결과에 대해 미리 염려합니다.
3유형은 효율적인 방법으로 일을 처리하고 마무리 하는 반면
　　6유형은 일을 나중에 처리하려는 경향이 있습니다.
3유형은 그만큼 능률적인 사람이 드물기 때문에 남과 일하는 것이 어려울 수 있는 반면
　　6유형은 함께 일하는 것에서 즐거움을 찾는 경우가 많습니다.
3유형은 정면 도전을 피하는 경향이 있는 반면
　　6유형은 공포 대항형인 경우, 직접 맞부딪히는 경향이 있습니다.

3유형 (성취하는 사람)과 7유형 (모험적인 사람)
특히 외향형 : ESTJ, ESTP, ENTP, ENFJ

- 외향적으로 바쁘고 긍정적이며 빠르게 움직입니다.
- 매력적이어서 남의 마음을 사로잡으며, 칭찬과 관심이 필요합니다.
- 우울하고, 불행하고, 의존적이고, 빈곤한 사람과 있으면 불안합니다.
- 관계 문제 때문에 추진하는 일과 목표를 그르치지 않도록 애씁니다.
- 모든 일을 가볍고 피상적으로 대할 수 있습니다.
- 감정형인 경우, 친절하고 남을 잘 돕습니다.
- 사고형인 경우, 직설적이고 도전적입니다.
- 관계가 지나치게 친밀해지면 뒤로 한 걸음 물러섭니다.

서로 다른 점

3유형은 늘 새로운 목표를 추진하는 반면
    7유형은 항상 새로운 모험을 위해 계획을 세웁니다.
3유형은 7유형보다는 독립적이고 내성적으로 보이는 반면
    7유형은 거리낌 없이 행동하며 충동적으로 보입니다.
3유형은 전통이나 관습에 순응하는 경향이 있는 반면
    7유형은 관습에 순응하지 않고 권위주의에 반대합니다.
3유형은 여러 가지 일을 동시에 진행하며 이를 제 때 끝마치려고 노력하는 반면
    7유형은 여러 가지 일을 동시에 진행할 수는 있지만 일부를 제 때 끝내지 못할 수 있습니다.

3유형 (성취하는 사람)과 8유형 (주장하는 사람)
특히 외향형 : ESTJ, ESTP, ENTJ, ENFJ

- 매사에 힘이 넘치며 매우 열정적입니다.
- 자기주장이 강하고 야망이 있으며 일중독 가능성이 있습니다.
- 공동체에서 막중한 책임을 맡거나 지도자인 경우가 많습니다.
- 사람들에게 동기 부여하는 것을 좋아합니다.
- 목적의식과 열정으로 업무를 추진합니다.
- 불안한 마음이나 자기감정, 연약한 모습 등을 숨기거나 부인합니다.
- 독립적이고 자발적입니다.

서로 다른 점

3유형은 사람들이 자신의 능력에 감탄하기를 바라는 반면
    8유형은 사람들이 자신을 존경하기 원합니다.

3유형은 비교적 전통과 관습을 잘 따르는 반면
    8유형은 개인적이고 관습을 따르지 않는 자기 모습에 자부심이 있습니다.

3유형은 8유형보다는 통제가 잘 되고 침착하며 자기 훈련이 잘 되어 있는 반면
    8유형은 번잡하고 자기 마음대로하며 무언가에 지나치게 몰입할 수 있습니다.

3유형은 사교성을 발휘해서 갈등을 회피하는 반면
    8유형은 문제를 복잡하게 만들고 사람들을 당황하게 만들 때가 있습니다.

3유형은 사람들이 바라보는 자신의 이미지 관심을 갖고 남이 좋아하는 행동을 하는 반면
    8유형은 가식이나 허례허식을 무척 싫어합니다.

3유형은 사람들을 잘 다루어 열심히 일하도록 돕는 반면
    8유형은 남의 기분까지 맞춰가며 '좋은 사람' 소리를 듣고 싶지는 않습니다.

4유형 (낭만적인 사람)과 5유형 (관찰하는 사람)

특히 INFJ, INFP

- 직관형인 경우는 독창성, 통찰력과 창의성이 있습니다.
- 관습에 잘 따르지 않으며 가끔 괴짜 소리를 듣습니다.
- 비판에 지나치게 예민합니다.
- 혼자 따로 있으며 가끔 외로울 수 있습니다.
- 사람들과 잘 어울리지 못하기도 합니다.

서로 다른 점

사고형인 5유형과 4유형은 비슷한 점이 별로 없습니다.

4유형은 감정적이고 기복이 심한 반면
    5유형은 객관적이고 차분해 보입니다.
4유형은 관계가 극적이고 강렬하기를 바라는 반면
    5유형은 안정적이고 편안한 관계를 원합니다.
4유형은 자기감정을 표현하고 이해 받기 원하는 반면
    5유형은 자기감정 표현에 서툴며, 혼자 간직하고 싶어 합니다.
4유형은 사람들과의 관계에 깊이 개입되어 있는 반면
    5유형은 친밀한 관계조차도 어느 정도 거리를 두고 싶어 합니다.

4유형 (낭만적인 사람)과 6유형 (충성하는 사람)
특히 내향적 감정형 (NF)

- 따뜻하며 연민이 많습니다.
- 아름다움과 창의성을 중요하게 생각합니다.
- 어떤 형태로든 버림받는 것을 두려워합니다.
- 매우 예민하여 자신이 이해받지 못한다고 쉽게 느낍니다.
- 죄책감에 민감하고, 수줍음이 많습니다.
- 격렬하고 신경질적입니다.
- 자신과 사람들의 동기와 감정을 궁금해 하고 분석합니다.

서로 다른 점

4유형은 격렬하고 극적인 관계를 바라는 반면
    6유형은 안정적이고 안전한 관계를 원합니다.

4유형은 자신의 느낌을 그대로 신뢰하는 반면
    6유형은 감정형인 경우도 진실 확인을 위해 이성을 사용합니다.

4유형의 목소리는 차분하고 고요하며 어떤 경우 슬퍼 보이기도 하는 반면
    6유형의 목소리는 망설이는 것처럼 느껴지거나 불안하게 들리기도 합니다.

4유형은 지나치게 우울한 경향이 있는 반면
    6유형은 지나치게 불안한 경향이 있습니다.

4유형 (낭만적인 사람)과 7유형 (모험적인 사람)
특히 내향적 감정형 (NF)
- 풍부한 상상력과 표현력이 있고, 외향적인 경우에는 외모가 화려할 수 있습니다.
- 열렬한 사랑에 대한 환상을 가지고, 실제 그런 관계를 만들어 냅니다.
- 관계에 충실하고, 자유와 독립 사이에서 늘 갈등합니다.
- 음식과 옷에 대한 취향이 각별합니다.
- 강렬함을 추구하며 관습에 순응하지 않습니다.
- 사회에 공헌하고 싶어 하는 이상주의자입니다.

서로 다른 점
사고형인 7유형은 4유형과는 비슷한 점이 별로 없습니다.

4유형은 정서적으로 교감하고, 함께 감정과 관계를 이야기 나누고 싶어 하는 반면
    7유형은 감정형인 경우 정서적 교감 보다 자기 경험과 모험담을 말하는 것을 더 좋아합니다.

4유형은 어두운 감정에 빠져 고통과 어려움을 깊게 느끼는 반면
    7유형은 새로운 경험과 행복을 추구하며 불쾌한 감정은 회피합니다.

4유형은 자신에게는 가혹한 반면
    7유형은 보통 자신을 좋아하고 자기에게 친절합니다.

4유형은 외향적인 경우도 여러 사람과 있는 것이 불편한 반면
    7유형은 여러 사람과 있을 때 편안해 하는 편입니다.

4유형은 일반적으로 어린 시절을 우울하고 슬픈 기억으로 회상하는 반면
    7유형은 보통 어린 시절을 행복한 추억으로 떠올립니다.

4유형 (낭만적인 사람)과 9유형 (평화적인 사람)
특히 감정형과 인식형 : ENFP, INFP, ISFP

- 따뜻하고 연민이 많습니다.
- 갈등과 정면 대결을 피합니다.
- 고집스럽고 저항적인 면도 있습니다.
- 비판에 예민합니다.
- 내향형인 경우, 부드럽게 말하고 말수가 적습니다.
- 직관형인 경우, 영적인 것에 끌리며 꿈과 환상을 즐깁니다.
- 인식형인 경우, 의사결정을 힘들어 합니다.

서로 다른 점

4유형은 외향형인 경우, 격렬하고 극적인 반면
　9유형은 비교적 차분하고 조용합니다.

4유형은 자유로운 파격을 좋아하는 반면
　9유형은 비교적 보수적인 편입니다.

4유형은 자신에게 없는 것을 갈망하는 반면
　9유형은 자신을 있는 그대로 받아들이는 편입니다.

4유형은 무시당하면 비난하거나 싸우는 반면
　9유형은 무시당하면 넋을 잃거나 관심을 다른 일로 돌립니다.

4유형은 우울한 감정을 마음 속 깊이 느끼는 반면
　9유형은 우울한 감정은 거부합니다.

5유형 (관찰하는 사람)과 6유형 (충성하는 사람)
특히 내향적 사고형 (IT) : ISTJ, INTJ
- 아는 것이 많으며 유능한 편입니다.
- 풍부한 유머 감각을 갖고 있습니다.
- 심술궂은 행동을 할 때가 있습니다.
- 사회성이 떨어지고, 사람들과 유연하게 정서적으로 소통하는 것을 버거워합니다.
- 거만하고 냉소적이며 논쟁을 좋아하고 반항적이기도 합니다.
- 편집증세가 나타나기도 하며, 부정적이고 혼자 있을 때 편안합니다.

서로 다른 점

5유형은 부드럽게 이야기하고 말수가 적은 반면
    6유형은 외향적인 경우, 사교성이 많고 자기 의견을 잘 이야기하며 활발합니다.

5유형은 한결같이 행동하는 반면
    6유형은 극단적인 행동을 보이는 경우가 있습니다.

5유형은 차분해 보이는 반면
    6유형은 불안하고 신경질적으로 보입니다.

5유형은 감정표현을 최대한 자제하려고 노력하는 반면
    6유형은 공포 대항형인 경우 매우 격렬하게 감정적으로 반응합니다.

5유형 (관찰하는 사람)과 9유형 (평화적인 사람)
특히 내향형 : ISTJ, INTJ, INFP

- 갈등과 혼란스러운 상황을 피하려고 합니다.
- 호기심이 많아서 항상 정보를 찾고 수집합니다.
- 부드럽게 이야기합니다.
- 불안을 감추기 위해서 차분하고 평화롭게 보이려고 애씁니다.
- 분노를 직접 표현하기보다 수동적인 공격을 하기도 합니다.
- 통찰력이 있습니다.
- 누군가가 자신의 열정을 끌어내 주기를 기대합니다.
- 자신의 감정을 감추려고 할 때가 가끔 있습니다.
- 다른 사람에게 명령을 받으면 완고해집니다.

서로 다른 점

5유형은 사람들과 거리를 두는 반면
　　9유형은 감정형인 경우는 사람들과 잘 어울립니다.

5유형은 의심이 많고 냉소적인 반면
　　9유형은 감정형인 경우는 사람을 잘 믿고 긍정적으로 봅니다.

5유형은 사람들과 오랫동안 같이 있을 때 피곤하며 혼자 있는 경우가 많은 반면
　　9유형은 사람들과 오랜 시간 어울리는 것을 즐깁니다.

5유형은 간결하게 말하는 것을 좋아하는 반면
　　9유형은 장황하게 이야기하는 편입니다.

5유형은 집중을 잘 하는 반면
　　9유형은 쉽게 산만해집니다.

9유형은 간혹 자신이 5유형이라고 생각할 때가 있지만 반대의 경우는 없습니다.

6유형 (충성하는 사람)과 7유형 (모험적인 사람)
특히 외향형
- 활발하고 사교적이며 유머 감각이 뛰어난 편입니다.
- 귀엽고 사랑스럽습니다.
- 사고형인 경우, 퉁명스럽고 과민하게 반응하며 권위적이고 방어적이기도 합니다.
- 충동적이고 불안해하며 지나치게 들떠 있을 수 있습니다.

서로 다른 점
6유형은 헌신적인 관계가 주는 안전한 느낌을 좋아하는 반면
    7유형은 여러 가지 가능성을 열어 두고 헌신적인 관계는 회피합니다.

6유형은 대부분 예측 가능한 것을 좋아하는 반면
    7유형은 예상치 못한 즐거움과 새로운 경험을 좋아합니다.

6유형은 공포 순응형인 경우, 자기 행동을 잘 통제하는 반면
    7유형은 거리낌 없이 행동하는 편입니다.

6유형은 사람들의 동기를 의심하고 끊임없이 분석하는 반면
    7유형은 단순히 사람들과 모험을 즐기기 바랄 뿐 숨은 동기에는 큰 관심이 없습니다.

공포 대항 6유형 (충성하는 사람)과 8유형 (주장하는 사람)
특히 사고형 : ESTJ, ENTJ

- 진실과 정의를 옹호하고 약자의 편을 들 줄 압니다.
- 상대에게 충직하고 상대를 잘 보호합니다.
- 성격이 급하고 적대적이며, 공격적으로 남을 위협할 수 있습니다.
- 세상을 위험한 곳으로 여기며 사람들을 신뢰하지 않습니다.
- 권위주의에 반대하고 관습에 순응하지 않습니다.
- 겁 없이 행동하고 설령 두렵다고 해도 행동으로 옮길 수 있습니다.

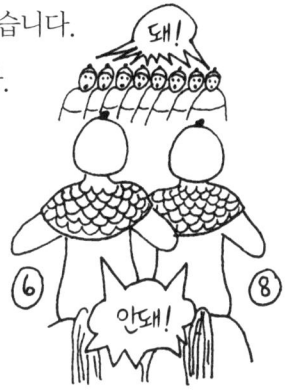

서로 다른 점

이 두 유형이 에니어그램 유형 중에 가장 구별하기 힘든 유형입니다.

공포 대항 6유형은 압박을 받으면 일반적으로 양보하는 반면
    8유형은 압박을 받으면 오히려 상대방을 위협합니다.

공포 대항 6유형은 적당한 반응과 교묘한 술책, 대충 무마하는 식으로 자신의 안전을 도모하는 반면
    8유형은 자기 주변을 통제하고 자신의 입지를 굳히는 데 관심이 있습니다.

공포 대항 6유형은 자기 의사를 확실히 전달하기 위해 장황한 설명을 반복하는 반면
    8유형은 단도직입적으로 퉁명스럽게 말합니다.

머리형인 공포 대항 6유형은 의사결정을 내릴 때 꼼꼼히 따져보는 반면
    8유형은 장형이기 때문에 본능에 따라 쉽게 결정합니다.

7유형 (모험적인 사람)과 8유형 (주장하는 사람)

특히 ESTJ, ESPT

- 열정적이고 활기찹니다.
- 자신감 넘치고 자기주장이 강하며 공격적이기도 합니다.
- 자신을 의지하며 독립적입니다.
- 이기적인 경우가 많습니다.
- 충동적이고 무모하며 제멋대로일 수 있습니다.
- 권위주의에 반대하고 규범을 시험하려고 합니다.

서로 다른 점

7유형은 남을 놀라게 하기는 해도 기분 나쁘게 하고 싶지는 않은 반면
    8유형은 가끔 사람들을 자극해서 불편하게 만듭니다.
7유형은 일반적으로 잘 웃고 상대방에게 호감을 주는 반면
    8유형은 위협적으로 보이기 때문에 상대가 무서워 할 수 있습니다.
7유형은 돌려서 말하고 대충 얼버무리기를 잘 하는 반면
    8유형은 직설적으로 퉁명스럽게 말합니다.
머리형인 7유형은 밝고 명랑한 반면
    장형인 8유형은 단단해 보입니다.

7유형 (모험적인 사람)과 9유형 (평화적인 사람)

특히 ENFP

- 긍정적인 것에 집중하고 관대하며, 친근하고 명랑하며 이상주의적입니다.
- 갈등이나 고통스런 감정을 일으키는 상황을 회피합니다.
- 새로운 경험을 즐깁니다.
- 완고하며, 자신에게 요구하는 것을 아주 싫어합니다.
- 말이 많을 수 있습니다.
- 대안을 심사숙고해서 결정을 내리는 것을 어려워합니다.

서로 다른 점

7유형은 자기표현을 잘하고 자랑하는 경향이 있는 반면

   9유형은 온화하며 남 앞에서 자신을 드러내지 않습니다.

7유형은 신나고 흥분되는 모험을 추구하는 반면

   9유형은 자기만족을 추구합니다.

7유형은 직간접적으로 자신이 원하는 것을 얻는 반면

   9유형은 원하는 것을 잘 모르고, 알아도 얻기 위해 적극적으로 행동하지 않습니다.

7유형은 어렵고 지루한 상황을 벗어나고 싶어 하는 반면

   9유형은 자신에게 어려운 상황조차 잘 알아차리지 못하기도 합니다.

7유형은 앞에 나서서 일을 벌이는 반면

   9유형은 다른 사람이 앞에 나서기를 기다립니다.

7유형은 퉁명스럽고 인내심이 없어 보이는 반면

   9유형은 온순하고 결코 서두르지 않습니다.

옮긴이의 글

관계는 '삶'이라는 산을 넘는 우리에게 평생의 숙제입니다.
갈등과 화해를 반복하는 관계의 문제만 해결해도 우리는 팔부능선을 넘은 것이지요.
관계의 첫 번째 열쇠는 나 자신을 찾는 것입니다.

에니어그램을 강의하면서 수강자들이 자기 유형을 찾아가는데 어려워하는 것을 봤습니다.
본능에 따라 다르게 나타나는 하위유형만 알아도 답은 가까이에 있습니다.
이 책이 바로 당신에게 열쇠공이 되어줄 것입니다.

이 책은 주혜명 선생님과 '(사) 좋은 교사 에니어그램 코칭 연구회'에서 내면작업을 하시는 선생님들 그리고 김재원 아나운서가 심혈을 기울여 옮겼습니다. 신목고등학교 염지선, 꿈의 학교 박지애, 연구소장 김은영, 대구 경운초등학교 박소형, 오동초등학교 이미경, 화성 동학중학교 김명선, 30년 넘게 교직 생활을 하신 김하임, 청소년부장 이창희, 대구 경북기계공고 유혜진, 백문초등학교 박지선, 하와이 대학을 졸업한 서단비와 이 책을 만들어 주신 연경문화사 대표님 이하 임직원 여러분에게도 깊은 감사를 드립니다.

끝으로 이 책이 '삶'이라는 산에서 '관계'라는 코스를 등반하는 당신에게 힘든 고비의 한 모금 생명수가 되기를 기대합니다. 나를 찾고, 상대방을 이해하면 관계는 훨씬 수월해집니다. 당신의 삶을 응원합니다!

옮긴이를 대표하여 한병복

주혜명

NLP 국제공인마스터이며 에니어그램 전문가로서 학교, 기업 등에서 에니어그램을 통한 자기 이해와 조직 발전을 위한 워크숍을 진행하고 있다. 또한 의식개발프로그램 아봐타 마스터로서 아봐타 프로그램을 보급하고 있다. 현재 조선대학교 보건대학원 초빙 객원교수, 격월간지 〈지금 여기〉의 번역위원으로 있다. 〈당신이 바로 하늘이 낸 부자일지도 모른다〉를 썼고, 〈돈을 끌어오는 마음의 법칙〉, 〈에니어그램의 지혜〉, 〈영혼의 잠재력 깨우기〉, 〈그리스 신화 타로〉, 〈나무를 안아보았나요〉 등을 번역하였다.

한병복

에니어그램 코칭 인스티튜트 대표이고, IEA (국제에니어그램협회) 정회원이다. 〈생일 케이크를 찾아라〉를 번역하고, 〈에니어그램 코칭〉, 〈에니어그램 개발 가이드〉, 〈에니어그램 진로 경력 코칭〉, 〈나와 만나는 에니어그램〉, 〈우리 아이 속마음〉을 공동 번역하였다. 경기도 교육청 NTTP, 포천 교육지원청, 서울시 교육청, (사) 좋은교사 등에서 활동하는 그녀는 일대일 본능이 강한 3유형이다.

김재원

〈6시 내 고향〉, 〈아침마당〉, 〈사랑의 리퀘스트〉 등을 진행한 KBS 아나운서이다. 중앙대학교에서 경영학박사를 받았고, 대학에서 〈소통학〉, 〈스피치코칭〉을 가르친다. 〈마음 말하기 연습〉, 〈리더의 7가지 언어〉(공저)를 썼고, 〈우리 아이 속마음〉(공역)을 번역한 그는 자기보존 본능이 강한 1유형이다.

염지선

서울 신목고등학교에서 국어를 가르치고 기독국어교사모임에서 활동한다. 〈하늘 꿈 품고 이 땅에 서다〉, 〈하늘꿈 꾸며 오늘을 살다〉(공저)를 썼고, 〈나와 만나는 에니어그램〉, 〈우리 아이 속마음〉 등을 공동 번역하였다. (사) 좋은교사 자율연수 강사로 활동하는 그녀는 자기보존본능이 강한 4유형이다.

나를 찾는 에니어그램 상대를 아는 에니어그램

개정판 발행일	2014년 1월 6일
개정판 6쇄	2024년 10월 30일
지은이	레니 바론·엘리자베스 와겔리
옮긴이	주혜명·한병복·김재원·염지선
펴낸이	이정수
책임 편집	최민서·신지항
펴낸곳	연경문화사
등록	1-995호
주소	서울시 강서구 양천로 551-24 한화비즈메트로 2차 807호
대표전화	02-332-3923
팩시밀리	02-332-3928
이메일	ykmedia@naver.com
값	15,000원
ISBN	978-89-8298-153-1 (03180)

본서의 무단 복제 행위를 금하며, 잘못된 책은 바꾸어 드립니다.

이 도서의 국립중앙도서관 출판시도서목록(CIP)은 서지정보유통지원시스템 홈페이지(http://seoji.nl.go.kr)와 국가자료공동목록시스템(http://www.nl.go.kr/kolisnet)에서 이용하실 수 있습니다.(CIP제어번호: CIP2013028310)